如何写公文

宋贵伦 主编

图书在版编目（CIP）数据

历代名人如何写公文 / 宋贵伦主编 . — 北京：东方出版社，2024.4
ISBN 978-7-5207-3856-9

Ⅰ.①历… Ⅱ.①宋… Ⅲ.①公文—写作—中国—古代 Ⅳ.① K206.3

中国国家版本馆 CIP 数据核字（2024）第 051173 号

历代名人如何写公文
（LIDAI MINGREN RUHE XIEGONGWEN）

主　　编：	宋贵伦
责任编辑：	王学彦　申　浩
出　　版：	东方出版社
发　　行：	人民东方出版传媒有限公司
地　　址：	北京市东城区朝阳门内大街 166 号
邮　　编：	100010
印　　刷：	北京联兴盛业印刷股份有限公司
版　　次：	2024 年 4 月第 1 版
印　　次：	2024 年 4 月第 1 次印刷
开　　本：	660 毫米 ×960 毫米　1/16
印　　张：	13.75
字　　数：	160 千字
书　　号：	ISBN 978-7-5207-3856-9
定　　价：	49.00 元

发行电话：（010）85924663　85924644　85924641

版权所有，违者必究
如有印装质量问题，我社负责调换，请拨打电话：（010）85924602　85924603

编委会

主　　编：宋贵伦

编写组成员（以姓氏笔画为序）：

毛赟美　冯德昕　冷　伟　宋明晏　苏鸿雁
秦　强　董家瑞　翟　健

序言

2023年6月中旬，几位"文字青年"——在机关和企事业单位从事文字工作的青年干部，找到我，说是普遍感到许多高校毕业生不会写公文，想编一本历代名人公文佳作赏析的书；并认为，我中文系毕业、在机关做秘书和领导工作多年、现在又是大学教授，是主编的合适人选。老实说，编此书我是双手赞成，但当主编确也含糊。我在40年的履职生涯中，各类公文倒是写了不少，但对此问题没有专题研究过，实践多于理论。盛情难却，也就与大家一起编写了起来。在半年的编写过程中，也学到了许多。所谓主编，也就是领个头与大家一起向历代名人学习罢了！

流传至今的中国历代公文名作，在浩瀚的中华典籍库中，占有相当的比例，是中华优秀传统文化的重要组成部分，极大限度反映了中华文化的精髓。这些公文中承载的治国理政智慧、家国天下情怀、格物究理思想、明德弘道追求，以及蕴含其中的写作规律、思维方法，都为我们今天的公文写作提供了丰厚滋养和不竭源泉。

刘勰在《文心雕龙·章表》中说："章表奏议，经国之枢机。"这里的"章表奏议"泛指公文，所谓"经国之枢机"指的是公文在组织运行、行政运转中所发挥的关键作用。曹丕在《典论·论文》中对公文性质的文体有过这样的描述："奏议宜雅，书论宜理，铭诔尚实"，大意是说，奏议类的文章要求语言规范，论述类的文章要求说理充分，铭诔类的文章要求内容实在。结合历代公文实践来看，这些论述实际上指明了公文所应具备的特点：实用，即有实际用处，这是公文与散文词赋的最大不同；适用，即不同场合宜采用不同文体，说不同的话；妙用，即在写作方法上既要追求文以达意，又要好看耐看。本书所选编的部分历代名人公文作品，均是体现这"三用"的典范，在不同时代、不同主题、不同范式上代表着古代公文写作的最高水准。

一是公文历史延续性。自秦汉时期开始，我国古代公文的体制体式基本定型，经历了三国魏晋南北朝时期文风向骈的转折变化，到唐宋时期迎来大整顿、大发展、大繁荣，名家辈出、灿若星河，再到明清时期，虽出现一些公文佳作，但整体上呈固化之态。本书所选公文力求不断代、不断线，反映两千余年公文发展基本脉络，从时间上看，最早的篇目是秦国统一六国前，客卿李斯的《谏逐客书》，最晚的篇目是清代林则徐的《钱票无甚关碍宜重禁吃烟以杜弊源片》，该文写就的两年后，鸦片战争爆发，可以说，这些篇目大体贯通了中国的封建史。只是为了读者阅读和使用方便，本书采取以文体功能分类的编排方式，在每一类文体中，以时间顺序排列。

二是文体用途现实性。本书所选公文以上行文为主，同时选录至今仍常会用到的公告、批复、书信等形式的下行文、平行文。在文体功能上，根据当代公文用途的不同，以所选篇目的主要内容为依据，分为分析研究、报告请示、规划建议、调研总结、公告批复、书信贺信6个类别，以求与现在的应用场景相适用。比如，在分析研究类，西汉贾谊的《治安策》实为综合性政论、南宋辛弃疾的《美芹十论·审势第一》则是一篇杰出的形势分析报告；在报告请示类，北宋包拯的《乞不用赃吏疏》、明朝王守仁的《攻治盗贼二策疏》等，均为就某一具体事件作出的请示；在规划建议类，隋朝李谔的《上隋文帝革文华书》是对于改进文风提出建议、明朝张居正的《请稽查章奏随事考成以修实政疏》是对考成法作出的改革计划书；在调研总结类，北宋曾巩的《议经费札子》可以看作在深入调研基础上的财经报告、北宋司马光的《进〈资治通鉴〉表》可以看作一项重要工作完成后写的总结汇报，等等。

三是主题内容代表性。本书编录的公文，在主题内容选择上涉及经济民生、改革发展、形势政策、廉政法治、社会治理、国防军事、风险防范、道德文化等多领域多方面，且尽力避免相近内容上篇目选择的雷同。在整体内容相协调的基础上，优选名家名篇，比如，三国诸葛亮的《出师表》、唐朝魏徵的《十渐不克终疏》等，皆为千古名篇；再如，西汉晁错的《论贵粟疏》提出重农抑商思想影响深远、北宋王安石的《本朝百年无事札子》拉开了王安石变法的序幕、明朝海瑞的《禁馈送告示》直指作风建设，等等。在"名人"的选择上，有绕不过去的文章大家韩愈、柳宗元等，有声名显赫的名臣将相文天祥、王阳明等，也有在公文发展史上举足轻重的陆贽、元稹等。同时，出于平衡取舍、综合考量，有的可能并非广为人知的"名人"或"名篇"，但内容上却是极具特色的，比如，北宋苏轼的《杭州乞度牒开西湖状》实际是一项工程建设前，要政策以筹钱的请示；元朝郝经的《便宜新政》为我们提供了如何规划和提炼的要诀。

四是写作方法借鉴性。为了便于读者更好理解这些经典公文，了解历史背景，特别是学习借鉴其写作方法，本书作了必要的赏析和导读，试图探寻公文写作基本规律、总结公文写作常用方法，以对我们现在的公文写作有所启发。比如，公文为公、公心为上的价值理念；文以致用、适用为本的思想导向；质朴平实、简洁雅致的优良文风；逻辑谨严、有理有据的行文结构；问题导向、措施可行的鲜明思路，等等。值得一提的是，这些经典公文所呈现的思维和方法各具特色、各有千秋，细读之精彩纷呈、细品之受用不尽。比如，有的篇目是提出问题、分析问题、解决问题的范本；有的篇目长于大势着眼、小处切入，行文循循善诱；有的篇目注重引导性建议、换位式思考、合理化建议；有的篇目在举例论证、引经据典上既旁征博引又恰如其分；有的篇目突出调研为基、事实支撑。再如，对于不同的内容表达，不同的人有不同的风格，有的开门见山、劈空立论，有的缓缓道来、层层递进，有的有破有立、直切要害，至于对比、排比等，更是许多公文中普遍使用的手法，而在不少篇目中我们都可以读出这些名人名家的学识、见识、胆识。

习近平总书记强调坚持"第二个结合"，即马克思主义基本原理同中华优秀传统文化相结合。这不仅是就坚持和发展马克思主义中国化时代化理论而言，也包括方方面面的工作。公文写作不仅是机关干部的必备技能，也是从事许多工作都会用到的、都应具备的基本能力。阅读学习古代优秀公文，有助于我们提升这方面的能力。与此同时，这些公文历经千百年的岁月洗礼，其价值早已超出了公文的范畴，参与塑造着中华民族的文化品格，在这个意义上，作为编者，也希望这本小书能被更多人看到，为提升大众文化素养、营造崇文尚学的社会文化氛围贡献绵薄之力。不当之处请批评指正。

是为序。

宋贵伦

2023 年 12 月 31 日于北师大

目录

分析研究类

文以识为高
——西汉·贾谊《治安策一》　　　　　　　　002

"三段论"式公文的范本
——西汉·晁错《论贵粟疏》　　　　　　　　018

本大末小，居重驭轻
——唐·陆贽《论关中事宜状》　　　　　　　025

文以适用为本
——北宋·王安石《本朝百年无事札子》　　　036

一篇杰出的形势分析报告
——南宋·辛弃疾《美芹十论·审势第一》　　044

报告请示类

文风俊逸的请假条
——南北朝·鲍照《请假启》　　　　　　　　052

例子即观点
——北宋·包拯《乞不用赃吏疏》　　　　　　　　　　055

要政策以筹钱
——北宋·苏轼《杭州乞度牒开西湖状》　　　　　　061

心学大师写公文的思路
——明·王守仁《攻治盗贼二策疏》　　　　　　　　070

规划建议类

存公心，陈利害
——秦·李斯《谏逐客书》　　　　　　　　　　　　084

讲问题，不空谈
——隋·李谔《上隋文帝革文华书》　　　　　　　　091

"批逆鳞"的智慧
——唐·魏徵《十渐不克终疏》　　　　　　　　　　098

逻辑有理性，判断有依据
——唐·柳宗元《驳复仇议》　　　　　　　　　　　105

"提炼"的"五字诀"
——元·郝经《便宜新政》　　　　　　　　　　　　113

一项改革的计划书
——明·张居正《请稽查章奏随事考成以修实政疏》　121

调研总结类

质朴见真功
——北宋·曾巩《议经费札子》　　　　　　　　132

总结汇报的几个要素
——北宋·司马光《进〈资治通鉴〉表》　　　　139

公文写作的四个"点"
——清·施琅《恭陈台湾弃留疏》　　　　　　　145

破中有立，让观点更具说服力
——清·林则徐《钱票无甚关碍宜重禁吃烟以杜弊源片》　152

公告批复类

檄文不激，化危为机
——西汉·司马相如《喻巴蜀檄》　　　　　　　164

学古不泥古，破法不悖法
——唐·元稹《许刘总出家制》　　　　　　　　171

一篇典型的案件判决书
——南宋·文天祥《平反杨小三死事判》　　　　175

义正而词严，标新不立异
——明·海瑞《禁馈送告示》　　　　　　　　　179

书信贺信类

丈夫之气,烈然之慨
　　——东汉·孔融《与曹公论盛孝章书》　　　　186

凛然出师表,一字不可删
　　——三国·诸葛亮《出师表》　　　　　　　　191

短文写出长篇之势
　　——唐·韩愈《贺雨表》　　　　　　　　　　198

凌云健笔意纵横
　　——南宋·胡铨《戊午上高宗封事》　　　　　202

分析研究类

- **西汉·贾谊**
  《治安策一》
- **西汉·晁错**
  《论贵粟疏》
- **唐·陆贽**
  《论关中事宜状》
- **北宋·王安石**
  《本朝百年无事札子》
- **南宋·辛弃疾**
  《美芹十论·审势第一》

文以识为高

——西汉·贾谊《治安策一》

1958年4月27日,毛泽东给秘书田家英写了一封信:"如有时间,可一阅班固的《贾谊传》。可略去《吊屈》《鵩鸟》二赋不阅。贾谊文章大半亡失,只存见于《史记》的二赋二文,班书略去其《过秦论》,存二赋一文。《治安策》一文是西汉一代最好的政论,贾谊于南放归来著此,除论太子一节近于迂腐以外,全文切中当时事理,有一种颇好的气氛,值得一看。如伯达、乔木有兴趣,可给一阅。"毛泽东如此推崇《治安策》,还向秘书们推荐,可见该文虽历经2000多年沧桑,仍对公文写作者有很好的启示和借鉴。

一、学识为基

一个公文写作者,应熟练掌握与工作领域相关的专业知识和技能,同时把术业专攻与博学多才结合起来,把思想深度和认识广度结合起来,不断学习新理论、了解新知识、开阔新视野、拓展新领域,为胜任工作打下坚实基础。

贾谊写出传诵千古的《治安策》,与他具有丰富的学识密不可分。《史记·屈原贾生列传》记载："年十八，以能诵诗属书闻于郡中。"就是说，贾谊年少便饱览儒家经典，并在当地已小有名气。18岁时，河南守吴公赏识其才华，于是"召置门下，甚幸爱"。汉文帝即位不久，广纳贤士，听说吴公"治平为天下第一"，便封吴公为廷尉。"廷尉乃言贾生年少，颇通诸子百家之书。文帝召以为博士。"任博士时，贾谊22岁。博士这一职位好比皇帝的参谋，"博者，通博古今；士者，辩于然否"。此时的贾谊年轻气盛、意气风发，"每诏令议下，诸老先生不能言，贾生尽为之对……孝文帝说之，超迁，一岁中至太中大夫"。贾谊凭借渊博学识，敢于大胆表达自己的政治见解，并提出诸多改革措施。文帝很是欣赏贾谊的学识，先破格让他担任太中大夫，还打算进一步提拔为公卿。但这项提议遭到了朝中一些权臣的反对，不久，贾谊被贬长沙任长沙王的太傅。这一晴天霹雳，加上长沙湿气重，使贾谊深感自己寿命不长，终日郁郁，常把自己比作屈原，写下《吊屈原赋》，抒发内心的怨愤。

3年后，文帝思念贾谊，将他召回，任命为梁怀王刘揖的太傅。任职期间，贾谊写下了《治安策》《论积贮疏》等名篇，提出许多针砭时弊的见解。文帝十一年（前169年），梁怀王因坠马意外身亡，贾谊"自伤为傅无状，常哭泣，后岁余，亦死"。

《治安策》洋洋洒洒6000余字，行文流畅、感情充沛，在谋篇布局、遣词造句上多是精心构造。开篇就讲道："臣窃惟事势，可为痛哭者一，可为流涕者二，可为长太息者六。"这几句总论时局感受，慷慨激昂。下文展开论述，多用铺陈、夸饰的手法和排比句式，比喻精妙，波澜壮阔。历史学家吕思勉曾说，贾生之文气势最足者为《治安策》，《汉书》所载，亦非全篇，然读之气势之盛尚可见。至于文中创造的"反唇相讥""前车之鉴""投鼠忌器""公而忘私"等成语，不胜枚举。

二、见识为本

对公文写作者来说,只有学识是不够的,从根本上说,要有见识,要善于透过现象看到实质、从微观的具体和局部把握宏观的整体和全局,然后通过客观辩证的分析判断,揭示事物的本质属性和内在联系。

《治安策》之所以被毛泽东称赞为"西汉一代最好的政论",就是因为贾谊对形势洞若观火,具有战略眼光。《治安策》成文时,"文景之治"还没有到来,汉初的"升平"景象只不过是在汉高祖种的大树底下乘凉。汉文帝即位后,听到的也都是一片歌功颂德之声,所谓群臣"进言皆曰已安已治"。但贾谊以犀利的政治眼光,力排众议,"独以为未",陈治安之策。在《治安策》中,贾谊点出西汉王朝各诸侯王势力割据的对立分裂、匈奴南侵、富商大贾对财政的破坏三大问题,无论是对朝廷人事变动、朝臣的个性野心还是诸侯国动向、商贾经济的发展,均有清晰的认识和精准的预测,显示出对时局的了解和对未来局势发展的把握,因而毛泽东认为"全文切中当时事理,有一种颇好的气氛"。

比如,贾谊在谈到商人经济力量过于膨胀将会带来的危机时说:"今民卖僮者,为之绣衣丝履偏诸缘,内之闲中,是古天子后服,所以庙而不宴者也,而庶人得以衣婢妾",并论及后果"百人作之不能衣一人,欲天下亡寒,胡可得也"。从商人贩卖奴隶时给他们穿的衣服,联想到商人富民奢侈生活带来的危害,凭借随处可见的小事,贾谊迅速而敏锐地洞察到了问题的本质,判明利害,并预见到发展趋势,从而提出后面的对策。

三、胆识为要

"文章合为时而著，歌诗合为事而作。"公文写作者要紧扣时代脉搏，走进实践深处，积极以文辅政。写作时头脑中始终明确"为了谁"，要敢于站在巨人肩上思考问题、提出见解，这样，提起笔来立足点才高，写出的文章气象才大。

在当时，并没有汉高祖时明显的诸侯纷争祸乱，但贾谊却敢于说出"然而天下少安，何也？大国之王幼弱未壮，汉之所置傅、相方握其事"，直接指出危机不是没有而是没到，当诸侯王年纪长成，中央将无法施以控制。"夫抱火厝之积薪之下而寝其上，火未及燃，因谓之安，方今之势，何以异此！"更是对贪图安乐、不思危机者发出振聋发聩的警示。贾谊的胆识源于其以天下为己任的无私，所谓无私者无畏，无私无畏，行文才有胆有识，才不会躲躲闪闪、畏首畏尾，才能切中时弊、气势充沛。

当然，有胆识并不等于鲁莽，行文上还应讲究智慧和技巧。在《治安策》里，贾谊善于根据所奏内容，把情感糅进文章，用真情感染读者（皇帝）。比如，在谈到四伏的危机时，用"自高皇帝不能以是一岁为安，故臣知陛下之不能也"，表现出身为臣子对皇帝处境的完全理解，自然也会令皇帝感同身受。再如，在指出具体问题时，说的虽句句是实情，但依旧用"臣请试言""臣窃迹前事"的谦辞，并运用排比史实、征引经典、对比分析、形象暗示等方法，通过浅明形象的表述，引领皇帝去思考，既有气势，又有分寸。

【原文】

治安策一

西汉·贾谊

臣窃惟事势,可为痛哭者一,可为流涕者二,可为长太息者六,若其它背理而伤道者,难遍以疏举。进言者皆曰天下已安已治矣,臣独以为未也。曰安且治者,非愚则谀,皆非事实知治乱之体者也。夫抱火厝之积薪之下而寝其上,火未及燃,因谓之安,方今之势,何以异此!本末舛逆①,首尾衡决,国制抢攘②,非甚有纪,胡可谓治!陛下何不一令臣得熟数之于前,因陈治安之策,试详择焉!

夫射猎之娱,与安危之机孰急?使为治劳智虑,苦身体,乏钟鼓之乐,勿为可也。乐与今同,而加之诸侯轨道,兵革不动,民保首领,匈奴宾服,四荒乡风,百姓素朴,狱讼衰息。大数既得,则天下顺治,海内之气,清和咸理,生为明帝,没为明神,名誉之美,垂于无穷。《礼》祖有功而宗有德,使顾成之庙称为太宗,上配太祖,与汉亡极。建久安之势,成长治之业,以承祖庙,以奉六亲,至孝也;以幸天下,以育群生,至仁也;立经陈纪,轻重同得,后可以为万世法程,虽有愚幼不肖之嗣,犹得蒙业而安,至明也。以陛下之明达,因使少知治体者得佐下风,致此非难也。其具可素陈于前,愿幸无忽。臣谨稽之天地,验之往

---

① 舛逆,颠倒,背离。
② 抢攘,纷乱的样子。

古,按之当今之务,日夜念此至孰也,虽使禹舜复生,为陛下计,亡以易此。

夫树国固必相疑之势,下数被其殃,上数爽其忧,甚非所以安上而全下也。今或亲弟①谋为东帝,亲兄之子②西乡而击,今吴又见告③矣。天子春秋鼎盛,行义未过,德泽有加焉,犹尚如是,况莫大诸侯,权力且十此者乎!然而天下少安,何也?大国之王幼弱未壮,汉之所置傅、相方握其事。数年之后,诸侯之王大抵皆冠,血气方刚,汉之傅、相称病而赐罢,彼自丞尉以上遍置私人,如此,有异淮南、济北之为邪!此时而欲为治安,虽尧舜不治。

黄帝曰:"日中必熭,操刀必割。"今令此道顺而全安,甚易;不肯早为,已乃堕骨肉之属而抗刭之,岂有异秦之季世乎?夫以天子之位,乘今之时,因天之助,尚惮以危为安,以乱为治,假设陛下居齐桓之处,将不合诸侯而匡天下乎?臣又以知陛下有所必不能矣。假设天下如曩④时,淮阴侯尚王楚,黥布王淮南,彭越王梁,韩信王韩,张敖王赵,贯高为相,卢绾王燕,陈豨在代,令此六七公者皆亡恙,当是时而陛下即天子位,能自安乎?臣有以知陛下之不能也。天下殽乱,高皇帝与诸公并起,非有仄室之势以豫席之也。诸公幸者乃为中涓,其次廑得舍人,材之不逮至远也。高皇帝以明圣威武即天子位,割膏腴之地以王诸公,多者百余城,少者乃三四十县,惠至渥也。然其后十年之间,反者九起。陛下之与诸公,非亲角材而臣之也,又非身封王之也,自高

---

① 亲弟,指淮南王刘长,汉文帝的弟弟。他曾于文帝六年(前174年)勾结匈奴谋反,失败后自杀。
② 亲兄之子,指济北王刘兴居,汉文帝哥哥刘肥的儿子。他曾于汉文帝三年(前177年)起兵西袭荥阳。
③ 吴又见告,指汉高祖刘邦的侄子吴王刘濞对抗汉法被人告发一事。
④ 曩,从前,过去。

皇帝不能以是一岁为安，故臣知陛下之不能也。

然尚有可诿者，曰疏。臣请试言其亲者。假令悼惠王王齐，元王王楚，中子王赵，幽王王淮阳，共王王梁，灵王王燕，厉王王淮南，六七贵人皆亡恙，当是时陛下即位，能为治乎？臣又知陛下之不能也。若此诸王，虽名为臣，实皆有布衣昆弟之心，虑亡不帝制而天子自为者。擅爵人，赦死罪，甚者或戴黄屋，汉法令非行也。虽行，不轨如厉王者，令之不肯听，召之安可致乎！幸而来至，法安可得加！动一亲戚，天下圜视而起。陛下之臣虽有悍如冯敬者，适启其口，匕首已陷其胸矣。陛下虽贤，谁与领此？故疏者必危，亲者必乱，已然之效也。其异姓负强而动者，汉已幸胜之矣，又不易其所以然。同姓袭是迹而动，既有征矣，其势尽又复然。殃祸之变，未知所移，明帝处之尚不能以安，后世将如之何！

屠牛坦一朝解十二牛，而芒刃不顿者，所排击剥割，皆众理解也。至于髋髀①之所，非斤则斧。夫仁义恩厚，人主之芒刃也；权势法制，人主之斤斧也。今诸侯王皆众髋髀也，释斤斧之用，而欲婴以芒刃，臣以为不缺则折。胡不用之淮南、济北？势不可也。

臣窃迹前事，大抵强者先反。淮阴王楚，最强，则最先反；韩信倚胡，则又反；贯高因赵资，则又反；陈豨兵精，则又反；彭越用梁，则又反；黥布用淮南，则又反；卢绾最弱，最后反。长沙乃在二万五千户耳，功少而最完，势疏而最忠，非独性异人也，亦形势然也。曩令樊、郦、绛、灌据数十城而王，今虽以残亡，可也；令信、越之伦列为彻侯而居，虽至今存，可也。然则天下之大计可知已。欲诸王之皆忠附，则莫若令如长沙王；欲臣

---

① 髋髀，泛指大骨头。髋，骨盆。髀，大腿骨。

子之勿菹醢①，则莫若令如樊、郦等；欲天下之治安，莫若众建诸侯而少其力。力少则易使以义，国小则亡邪心。令海内之势如身之使臂，臂之使指，莫不制从；诸侯之君不敢有异心，辐凑并进而归命天子，虽在细民，且知其安，故天下咸知陛下之明。割地定制，令齐、赵、楚各为若干国，使悼惠王、幽王、元王之子孙毕以次各受祖之分地，地尽而止，及燕、梁他国皆然。其分地众而子孙少者，建以为国，空而置之，须其子孙生者，举使君之。诸侯之地，其削颇入汉者，为徙其侯国及封其子孙也，所以数偿之。一寸之地，一人之众，天子亡所利焉，诚以定治而已，故天下咸知陛下之廉。地制一定，宗室子孙莫虑不王，下无倍畔之心，上无诛伐之志，故天下咸知陛下之仁。法立而不犯，令行而不逆，贯高、利几之谋不生，柴奇、开章之计不萌，细民乡善，大臣致顺，故天下咸知陛下之义。卧赤子天下之上而安，植遗腹，朝委裘，而天下不乱，当时大治，后世诵圣。一动而五业附，陛下谁惮而久不为此？

天下之势方病大瘇②。一胫之大几如要，一指之大几如股，平居不可屈信，一二指搐，身虑无聊。失今不治，必为锢疾，后虽有扁鹊，不能为已。病非徒瘇也，又苦跂盭③。元王之子，帝之从弟也；今之王者，从弟之子也。惠王之子，亲兄子也；今之王者，兄子之子也。亲者或亡分地以安天下，疏者或制大权以逼天子，臣故曰非徒病瘇也，又苦跂盭。可痛哭者，此病是也。

天下之势方倒县。凡天子者，天下之首，何也？上也。蛮夷者，天下之足，何也？下也。今匈奴嫚姆侵掠，至不敬也，为天下患，至亡已也，而汉岁金絮采缯以奉之。夷狄征令，是主上之

---

① 菹醢，古代酷刑，把人剁成肉酱。
② 瘇，脚肿病。以下用脚肿病比喻当时诸侯王势力太大而难以控制的形势。
③ 跂盭，脚掌扭曲变形。

操也；天子共贡，是臣下之礼也。足反居上，首顾居下，倒县如此，莫之能解，犹为国有人乎？非亶倒县而已，又类辟，且病痱。夫辟者一面病，痱者一方痛。今西边北边之郡，虽有长爵不轻得复，五尺以上不轻得息，斥候望烽燧不得卧，将吏被介胄而睡，臣故曰一方病矣。医能治之，而上不使，可为流涕者此也。

陛下何忍以帝皇之号为戎人诸侯，势既卑辱，而祸不息，长此安穷！进谋者率以为是，固不可解也，亡具甚矣。臣窃料匈奴之众，不过汉一大县，以天下之大困于一县之众，甚为执事者羞之。陛下何不试以臣为属国之官以主匈奴？行臣之计，请必系单于之颈而制其命，伏中行说而笞其背，举匈奴之众唯上之令。今不猎猛敌而猎田彘，不搏反寇而搏畜菟，玩细娱而不图大患，非所以为安也。德可远施，威可远加，而直数百里外威令不信，可为流涕者此也。

今民卖僮者，为之绣衣丝履偏诸缘，内之闲中，是古天子后服，所以庙而不宴者也，而庶人得以衣婢妾。白縠之表，薄纨之裏，緁以偏诸，美者黼绣，是古天子之服，今富人大贾嘉会召客者以被墙。古者以奉一帝一后而节适，今庶人屋壁得为帝服，倡优下贱得为后饰，然而天下不屈者，殆未有也。且帝之身自衣皂绨，而富民墙屋被文绣；天子之后以缘其领，庶人孽妾缘其履：此臣所谓舛也。夫百人作之不能衣一人，欲天下亡寒，胡可得也？一人耕之，十人聚而食之，欲天下亡饥，不可得也。饥寒切于民之肌肤，欲其亡为奸邪，不可得也。国已屈矣，盗贼直须时耳，然而献计者曰"毋动"，为大耳。夫俗至大不敬也，至亡等也，至冒上也，进计者犹曰"毋为"，可为长太息者此也。

商君遗礼义，弃仁恩，并心于进取，行之二岁，秦俗日败。故秦人家富子壮则出分，家贫子壮则出赘。借父耰锄，虑有德色；母取箕帚，立而谇语。抱哺其子，与公并倨；妇姑不相说，则反唇而相稽。其慈子耆利，不同禽兽者亡几耳。然并心而赴时犹曰蹶六国，兼天下。功成求得矣，终不知反廉愧之节，仁义之厚。信并兼之法，遂进取之业，天下大败，众掩寡，智欺愚，勇威怯，壮陵衰，其乱至矣。是以大贤起之，威震海内，德从天下。曩之为秦者，今转而为汉矣。然其遗风余俗，犹尚未改。今世以侈靡相竞，而上亡制度，弃礼谊，捐廉耻，日甚，可谓月异而岁不同矣。逐利不耳，虑非顾行也，今其甚者杀父兄矣。盗者剟寝户之帘，搴两庙之器，白昼大都之中剽吏而夺之金。矫伪者出几十万石粟，赋六百余万钱，乘传而行郡国，此其亡行义之尤至者也。而大臣特以簿书不报，期会之间，以为大故。至于俗流失，世坏败，因恬而不知怪，虑不动于耳目，以为是适然耳。夫移风易俗，使天下回心而乡道，类非俗吏之所能为也。俗吏之所务，在于刀笔筐箧，而不知大体。陛下又不自忧，窃为陛下惜之。

夫立君臣，等上下，使父子有礼，六亲有纪，此非天之所为，人之所设也。夫人之所设，不为不立，不植则僵，不修则坏。《管子》曰："礼义廉耻，是谓四维；四维不张，国乃灭亡。"使管子愚人也则可，管子而少知治体，则是岂可不为寒心哉！秦灭四维而不张，故君臣乖乱，六亲殃戮，奸人并起，万民离叛，凡十三岁，而社稷为虚。今四维犹未备也，故奸人几幸，而众心疑惑。岂如今定经制，令君君臣臣，上下有差，父子六亲各得其宜，奸人亡所几幸，而群臣众信，是不疑惑！此业一定，世世常安，而后有所持循矣。若夫经制不定，是犹度江河亡维楫，中流而遇风波，船必覆矣。可为长太息者此也。

夏为天子，十有余世，而殷受之。殷为天子，二十余世，而周受之。周为天子，三十余世，而秦受之。秦为天子，二世而亡。人性不甚相远也，何三代之君有道之长，而秦无道之暴也？其故可知也。古之王者，太子乃生，固举以礼，使士负之，有司齐肃端冕，见之南郊，见于天也。过阙则下，过庙则趋，孝子之道也。故自为赤子而教固已行矣。昔者成王幼在襁抱之中，召公为太保，周公为太傅，太公为太师。保，保其身体；傅，傅之德义；师，道之教训：此三公之职也。于是为置三少，皆上大夫也，曰少保、少傅、少师，是与太子宴者也。故乃孩提有识，三公、三少固明孝仁礼义以道习之，逐去邪人，不使见恶行。于是皆选天下之端士孝悌博闻有道术者以卫翼之，使与太子居处出入。故太子乃生而见正事，闻正言，行正道，左右前后皆正人也。夫习与正人居之，不能毋正，犹生长于齐不能不齐言也；习与不正人居之，不能毋不正，犹生长于楚之地不能不楚言也。故择其所耆，必先受业，乃得尝之；择其所乐，必先有习，乃得为之。孔子曰："少成若天性，习贯如自然。"及太子少长，知妃色，则入于学。学者，所学之官也。《学礼》曰："帝入东学，上亲而贵仁，则亲疏有序而恩相及矣；帝入南学，上齿而贵信，则长幼有差而民不诬矣；帝入西学，上贤而贵德，则圣智在位而功不遗矣；帝入北学，上贵而尊爵，则贵贱有等而下不逾矣；帝入太学，承师问道，退习而考于太傅，太傅罚其不则而匡其不及，则德智长而治道得矣。此五学者既成于上，则百姓黎民化辑于下矣。"及太子既冠成人，免于保傅之严，则有记过之史，彻膳之宰，进善之旌，诽谤之木，敢谏之鼓。瞽史诵诗，工诵箴谏，大夫进谋，士传民语。习与智长，故切而不愧；化与心成，故中道若性。三代之礼：春朝朝日，秋暮夕月，所以明有敬也；春秋入学，坐国老，执酱而亲馈之，所以明有孝也；行以鸾和，步中《采齐》，趣中《肆夏》，所以明有度也；其于禽兽，见其生不食其死，闻其声不食其肉，故远庖厨，所以长恩，且明有仁也。

夫三代之所以长久者，以其辅翼太子有此具也。及秦而不然。其俗固非贵辞让也，所上者告讦也；固非贵礼义也，所上者刑罚也。使赵高傅胡亥而教之狱，所习者非斩劓人，则夷人之三族也。故胡亥今日即位而明日射人，忠谏者谓之诽谤，深计者谓之妖言，其视杀人若艾草菅然。岂惟胡亥之性恶哉？彼其所以道之者非其理故也。

鄙谚曰："不习为吏，视已成事。"又曰："前车覆，后车诫。"夫三代之所以长久者，其已事可知也；然而不能从者，是不法圣智也。秦世之所以亟绝者，其辙迹可见也；然而不避，是后车又将覆也。夫存亡之变，治乱之机，其要在是矣。天下之命，县于太子；太子之善，在于早谕教与选左右。夫心未滥而先谕教，则化易成也；开于道术智谊之指，则教之力也。若其服习积贯，则左右而已。夫胡、粤之人，生而同声，耆欲不异，及其长而成俗，累数译而不能相通，行者有虽死而不相为者，则教习然也。臣故曰选左右早谕教最急。夫教得而左右正，则太子正矣，太子正而天下定矣。《书》曰："一人有庆，兆民赖之。"此时务也。

凡人之智，能见已然，不能见将然。夫礼者禁于将然之前，而法者禁于已然之后，是故法之所用易见，而礼之所为生难知也。若夫庆赏以劝善，刑罚以惩恶，先王执此之政，坚如金石，行此之令，信如四时，据此之公，无私如天地耳，岂顾不用哉？然而曰礼云礼云者，贵绝恶于未萌，而起教于微眇，使民日迁善远罪而不自知也。孔子曰："听讼，吾犹人也，必也使毋讼乎！"为人主计者，莫如先审取舍；取舍之极定于内，而安危之萌应于外矣。安者非一日而安也，危者非一日而危也，皆以积渐然，不可不察也。人主之所积，在其取舍。以礼义治之者，积礼义；以刑罚治之者，积刑罚。刑罚积而民怨背，礼义积而民和亲。故世主欲民之善同，而所以使民善者或异。或道之以德教，或驱之以法令。道之以德教者，德教洽而民气乐；驱之以法令者，法令极而民风哀。哀乐之感，祸福之应也。秦王之欲尊宗庙而安子孙，与汤武同，然而汤武广大其德行，六七百岁而弗失，秦王治天下，十余岁则大败。此亡它故矣，汤武之定取舍审而秦王之定取舍不审矣。故天下，大器也。今人之置器，置诸安处则安，置诸危处则危。天下之情与器亡以异，在天子之所置之。汤武置天下于仁义礼乐，而德泽洽，禽兽草木广裕，德被蛮貊四夷，累子孙数十世，此天下所共闻也。秦王置天下于法令刑罚，德泽亡一有，而怨毒盈于世，下憎恶之如仇雠，祸几及身，子孙诛绝，此天下之所共见也。是非其明效大验邪！人之言曰："听言之道，必以其事观之，则言者莫敢妄言。"今或言礼谊之不如法令，教化之不如刑罚，人主胡不引殷、周、秦事以观之也？

人主之尊譬如堂，群臣如陛，众庶如地。故陛九级上，廉远地，则堂高；陛亡级，廉近地，则堂卑。高者难攀，卑者易陵，理势然也。故古者圣王制为等列，内有公卿大夫士，外有公侯伯子男，然后有官师小吏，延及庶人，等级分明，而天子加焉，故其尊不可及也。里谚曰："欲投鼠而忌器。"此善谕也。鼠近于器，尚惮不投，恐伤其器，况于贵臣之近主乎！廉耻节礼以治君子，故有赐死而亡戮辱。是以黥劓之罪不及大夫，以其离主上不远也。礼不敢齿君之路马，蹴其刍者有罚；见君之几杖则起，遭君之乘车则下，入正门则趋；君之宠臣虽或有过，刑戮之罪不加其身者，尊君之故也。此所以为主上豫远不敬也，所以体貌大臣而厉其节也。今自王侯三公之贵，皆天子之所改容而礼之也，古天子之所谓伯父、伯舅也，而令与众庶同黥劓髡刖笞傌弃市①之法，然则堂不亡陛乎？被戮辱者不泰迫乎？廉耻不行，大臣无乃握重权、大官而有徒隶亡耻之心乎？夫望夷之事②，二世见当以重法者，投鼠而不忌器之习也。

---

① 黥劓髡刖笞傌弃市，古代诸多刑罚名。
② 望夷之事，指秦二世在望夷宫中被迫自杀的事。望夷，秦望夷宫。

臣闻之，履虽鲜不加于枕，冠虽敝不以苴①履。夫尝已在贵宠之位，天子改容而体貌之矣，吏民尝俯伏以敬畏之矣，今而有过，帝令废之可也，退之可也，赐之死可也，灭之可也；若夫束缚之，系绁之，输之司寇，编之徒官，司寇小吏詈骂而榜笞之，殆非所以令众庶见也。夫卑贱者习知尊贵者之一旦，吾亦乃可以加此也，非所以习天下也，非尊尊贵贵之化也。夫天子之所尝敬，众庶之所尝宠，死而死耳，贱人安宜得如此而顿辱之哉！

豫让事中行②之君，智伯③伐而灭之，移事智伯。及赵④灭智伯，豫让衅面吞炭⑤，必报襄子，五起而不中。人问豫子，豫子曰："中行众人畜我，我故众人事之；智伯国士遇我，我故国士报之。"故此一豫让也，反君事仇，行若狗彘，已而抗节致忠，行出乎列士，人主使然也。故主上遇其大臣如遇犬马，彼将犬马自为也；如遇官徒，彼将官徒自为也。顽顿亡耻，𠎀诟亡节⑥，廉耻不立，且不自好，苟若而可，故见利则逝，见便则夺。主上有败，则因而挻之矣；主上有患，则吾苟免而已，立而观之耳；有便吾身者，则欺卖而利之耳。人主将何便于此？群下至众，而主上至少也，所托财器职业者粹于群下也。俱亡耻，俱苟妄，则主上最病。故古者礼不及庶人，刑不至大夫，所以厉宠臣之节也。古者大臣有坐不廉而废者，不谓不廉，曰"簠簋不饰⑦"；坐污秽淫乱男女亡别者，不曰污秽，曰"帷薄不修⑧"；坐罢软⑨不胜任者，

---

① 苴，本指鞋垫，这里是垫的意思。"履虽鲜"二句，比喻贵贱不能颠倒。
② 豫让，春秋末晋国人。事，侍奉，服事。中行，复姓，晋国的一个大夫家族。
③ 智伯，晋大夫。
④ 赵，晋国的大夫家族，这里指赵襄子。
⑤ 衅面吞炭，指毁容变声，表示蓄志报仇。衅，漆面以易貌。吞炭，以变声也。
⑥ 𠎀诟亡节，没有志气，不知耻辱。
⑦ 簠簋不饰，"不廉洁"的委婉说法。簠、簋都是古代放祭品的器具，方形的叫簠，圆形的叫簋。饰，同"饬"，整治。
⑧ 帷薄不修，"淫乱"的委婉说法。帷薄，帷幕和门帘。修，整治。
⑨ 罢软，软弱无能。罢，通"疲"。

不谓罢软,曰"下官不职"。故贵大臣定有其罪矣,犹未斥然正以呼之也,尚迁就而为之讳也。故其在大谴大何之域者,闻谴何则白冠氂缨,盘水加剑,造请室而请罪耳,上不执缚系引而行也。其有中罪者,闻命而自弛①,上不使人颈戾而加②也。其有大罪者,闻命则北面再拜,跪而自裁,上不使捽抑③而刑之也,曰:"子大夫自有过耳!吾遇子有礼矣。"遇之有礼,故群臣自憙④;婴以廉耻,故人矜节行。上设廉耻礼义以遇其臣,而臣不以节行报其上者,则非人类也。故化成俗定,则为人臣者主耳忘身,国耳忘家,公耳忘私,利不苟就,害不苟去,唯义所在。上之化也,故父兄之臣⑤诚死宗庙,法度之臣诚死社稷,辅翼之臣诚死君上,守圉扞敌之臣诚死城郭封疆。故曰圣人有金城者,比物此志也。彼且为我死,故吾得与之俱生;彼且为我亡,故吾得与之俱存;夫将为我危,故吾得与之皆安。顾行⑥而忘利,守节而仗义,故可以托不御之权⑦,可以寄六尺之孤⑧。此厉廉耻行礼谊之所致也,主上何丧⑨焉!此之不为,而顾彼之久行,故曰可为长太息者此也。(《汉书·贾谊传》)

【名言警句】

〖夫抱火厝之积薪之下而寝其上,火未及燃,因谓之安,方今之势,何以异此!〗

---

① 自弛,自缚。
② 颈戾,扭着头颈。加,指加以其他押解措施。
③ 捽抑,指揪住头发,按住脑袋。
④ 自憙,自爱,自重。憙,同"喜"。
⑤ 父兄之臣,指同姓大臣。
⑥ 顾行,顾全德行。
⑦ 不御之权,不需要自己加以控制的大权。
⑧ 六尺之孤,指幼小的孤主,小皇帝。
⑨ 丧,丧失,损失。

〖大数既得，则天下顺治，海内之气，清和咸理。〗

〖夫仁义恩厚，人主之芒刃也；权势法制，人主之斤斧也。〗

〖夫人之所设，不为不立，不植则僵，不修则坏。〗

〖若夫经制不定，是犹度江河亡维楫，中流而遇风波，船必覆矣。〗

〖夫心未滥而先谕教，则化易成也；开于道术智谊之指，则教之力也。〗

〖凡人之智，能见已然，不能见将然。夫礼者禁于将然之前，而法者禁于已然之后，是故法之所用易见，而礼之所为生难知也。〗

〖安者非一日而安也，危者非一日而危也，皆以积渐然，不可不察也。〗

〖听言之道，必以其事观之，则言者莫敢妄言。〗

【成语来源】

如身使臂，如臂使指——〖令海内之势如身之使臂，臂之使指，莫不制从。〗

反唇相稽——〖妇姑不相说，则反唇而相稽。〗

前车之鉴——〖秦世之所以亟绝者，其辙迹可见也；然而不避，是后车又将覆也。〗

投鼠忌器——〖里谚曰："欲投鼠而忌器。"此善谕也。鼠近于器，尚惮不投，恐伤其器，况于贵臣之近主乎！〗

公而忘私——〖故化成俗定，则为人臣者主耳忘身，国耳忘家，公耳忘私，利不苟就，害不苟去，唯义所在。〗

"三段论"式公文的范本

——西汉·晁错《论贵粟疏》

清代学者刘熙载曾说"经国大体,是贾生晁错之俦"。在这里,经国大体指的就是公文。后世公认,汉初的公文写作,以贾谊、晁错成就最高。鲁迅在《汉文学史纲要》中比较二人政论文章的特点时说:"惟谊尤有文采,而沉实则稍逊。"也就是说,在鲁迅看来,晁错的文章更加沉实,更加言之有物,逻辑更加严密,建议的可操作性也更强。

相比于贾谊的"理想主义"色彩,晁错更偏"现实主义"的行文风格,这和他的身份有很大关系。汉文帝时,晁错曾任太子家令,因为能言善辩、善于分析问题,深受太子(后为汉景帝)信任,被誉为"太子智囊"。汉景帝即位后,晁错先后任内史、御史大夫等职。他的政论文章基本都是上书给皇帝的奏章,基于汉朝的长治久安提出治国理政中的问题,给出解决问题的办法,见解透彻,实效性强,深得皇帝的赞赏。著名的《守边劝农疏》《募民实塞疏》《论贵粟疏》《削藩策》等奏章中提出的建议,后来都被转化为国家政策并加以实施。晁错因"疏直激切,尽所欲言"的公文得到皇帝的赏识,但也因此遭到不少朝臣的嫉恨。特别是《削藩策》进言削藩,损害了诸侯利益,以吴王刘濞为首的七国诸侯以"诛晁错，清君侧"为名，举兵反叛。汉景帝听从晁错政敌袁盎的计谋，决定牺牲晁错将其腰斩，以换取诸侯退兵。这也是历史上第一次著名的"清君侧"。

　　晁错的结局让人唏嘘，但他的诸多政治经济思想对后世产生了巨大影响，比如重农抑商思想、移民实边思想、坚定削藩思想等。其中，最能体现他重农抑商思想的就是《论贵粟疏》。西汉建国初期，随着政权的稳定，因连年战争而遭到严重破坏的农业生产逐渐得以恢复。汉文帝即位后，继续奉行"与民休息"的政策，一定程度上促进了农业的发展和商业的繁荣，但是，也出现了谷贱伤农的问题，加上大地主、大商人对农民土地兼并侵夺的加剧，大批农民流离失所，大量土地无人耕种，粮食安全成为大问题。汉文帝十二年（前168年），当时还是太子家令的晁错敏锐地看到这一点，上了《论贵粟疏》，力主重农贵粟。同时，写作此文也是他上书言兵事的后续，此前，他曾上奏疏讲如何抵御匈奴，重要的一条就是屯边驻军进行防御，而戍边的大量军士也需要足够的粮食供应。

　　汉文帝阅读此文后，采纳了晁错的建议，并成为文、景两朝坚定不移的政策。实践是检验真理的唯一标准。汉武帝初年"太仓之粟陈陈相因，充溢露积于外，至腐败不可食"的富足局面，证明了当时晁错建议的正确性。

　　就文章本身来看，这是一篇典型的提出问题、分析问题、解决问题的"三段论"结构公文。在每部分的论述中，都采用了层层对比的方式，环环相扣地论述所要表达的观点，极具冲击力，也有着严密的逻辑性。

一、关于提出问题

在"提出问题"部分,通过两组对比,实际上层层递进表达了"方今之务,莫若使民务农而已矣"的总观点。第一组为古今对比。尧、禹时代经常有天灾,但国家没有饿死人的现象,因为积蓄了大量粮食;现在国家统一,人口土地也更多更广,还没大天灾,粮食的积蓄却比不上那个时候,通过对比,自然而然提出疑问——"何也?"并顺理成章地给出答案,因为"地有遗利,民有余力,生谷之土未尽垦,山泽之利未尽出也,游食之民未尽归农也"。第二组为"不农之害"和"务农之利"的对比。老百姓不务农,产生的后果有两种:一是没有粮食,从而导致贫穷,贫穷导致"奸邪生";二是背井离乡,"民如鸟兽"。在论述"不农之害"时,文章用了顶针的修辞手法,"贫生于不足,不足生于不农,不农则不地着,不地着则离乡轻家",环环相扣论述观点,读之就像听敲鼓一样,鼓点越来越密集,也越来越扣人心弦。与"不农之害"相对比,"务农之利"显而易见,公私仓廪俱实,可抵御自然灾害,朝廷也就能获得百姓的拥护。两组对比强有力地论证了观点,为第二部分——分析问题打下了基础。

二、关于分析问题

在"分析问题"部分,也用了两组对比,着重分析既然使民务农非常重要,为什么老百姓不愿意务农。第一组为珠玉金银与粟米布帛的对比。珠玉金银,"饥不可食,寒不可衣",但被人视为珍宝,根本原因是"以上用之故也"。文章大胆地指出上有所好、下必效之,问题在下面、根子在上面。此外,珠玉金银因为体积小便于携带,还容易蛊惑不法之徒。相比之下,粟米布帛因为一般人拿不动,不会被盗贼所贪图,且"一日弗得而饥寒至",因此"明君贵五谷而贱金玉"。这组对比,从反面分析了民不务农的原因——朝廷贵金玉而贱五谷。第二组为农夫勤苦和商贾富厚的对比。文章用一组排比句,环环相扣描述了农夫"四时之间,亡日休息"的勤苦之状,又列举了天灾人祸、急政暴虐导致农夫"卖田宅鬻子孙"的悲惨之状。相比之下,商贾"男不耕耘,女不蚕织",却"衣必文采,食必粱肉",而且很多商贾因为财力雄厚,其权力甚至超过一般官僚。两相对比,谁还愿意去勤恳务农呢?

三、关于解决问题

在"解决问题"部分,提出了"欲民务农,在于贵粟;贵粟之道,在于使民以粟为赏罚"的总结论总措施。这一部分提出的措施和第二部分分析的原因一脉相承,逻辑上完全对应。因为贵金玉贱五谷、商人兼并农民土地而导致民不务农,那么,"欲民务农,在于贵粟;贵粟之道,在于使民以粟为赏罚"。具体来说,就是国家根据百姓纳粟的多少,给予不同的爵位或者免罪。这样一来,手里粮食多的富人为获得爵位势必多纳粮,朝廷有粮了就可以减少农民的赋税,农民也有了钱,从而"损有余、补不足"。为了说明以入粟为赏罚的可行性,文章又用了一组对比,以现行的"民有车骑马一匹者,复卒三人"的政策,对比纳粟受爵,还引用神农氏的教导,说明打仗的时候,粮食比城池和部队都重要。以此类推,"入粟受爵免罪"相比于"复卒",对国家的贡献会更大。

【原文】

论贵粟疏

西汉·晁错

　　圣王在上而民不冻饥者,非能耕而食之,织而衣之也,为开其资财之道也。故尧、禹有九年之水,汤有七年之旱,而国亡捐瘠者,以畜积多而备先具也①。今海内为一,土地人民之众不避禹汤,加以亡天灾数年之水旱,而畜积未及者,何也?地有余利,民有余力,生谷之土未尽垦,山泽之利未尽出也,游食之民未尽归农也。民贫,则奸邪生。贫生于不足,不足生于不农,不农则不地着,不地着则离乡轻家,民如鸟兽,虽有高城、深池、严法、重刑,犹不能禁也。

　　夫寒之于衣,不待轻暖;饥之于食,不待甘旨;饥寒至身,不顾廉耻。人情,一日不再食则饥,终岁不制衣则寒。夫腹饥不得食,肤寒不得衣,虽慈母不能保其子,君安能以有其民哉!明主知其然也,故务民于农桑,薄赋敛,广畜积,以实仓廪,备水旱,故民可得而有也。

　　民者,在上所以牧之。趋利如水走下,四方无择也。夫珠玉金银,饥不可食,寒不可衣,然而众贵之者,以上用之故也。其为物轻微易藏,在于把握,可以周海内而亡饥寒之患,此令臣轻背其主,而民易去其乡,盗贼有所劝,亡逃者得轻资也。粟米布

---

① 故尧、禹……而备先具也,《贾子新书·无蓄》:"禹有十年之蓄,故免九年之水;汤有十年之积,故胜七年之旱。"

帛生于地，长于时，聚于力，非可一日成也。数石之重，中人弗胜，不为奸邪所利，一日弗得而饥寒至。是故明君贵五谷而贱金玉。

今农夫五口之家，其服役者不下二人，其能耕者不过百亩，百亩之收不过百石。春耕，夏耘，秋获，冬藏，伐薪樵，治官府，给徭役。春不得避风尘，夏不得避暑热，秋不得避阴雨，冬不得避寒冻，四时之间无日休息。又私自送往迎来，吊死问疾，养孤长幼在其中。勤苦如此，尚复被水旱之灾，急政暴赋，赋敛不时，朝令而暮改。当具有者半贾而卖，亡者取倍称之息，于是有卖田宅、鬻子孙以偿债者矣。而商贾大者积贮倍息，小者坐列贩卖，操其奇赢①，日游都市，乘上之急，所卖必倍。故其男不耕耘，女不蚕织，衣必文采，食必粱肉；亡农夫之苦，有阡陌之得。因其富厚，交通王侯，力过吏势，以利相倾；千里游敖，冠盖相望②，乘坚策肥③，履丝曳缟④。此商人所以兼并农人、农人所以流亡者也。今法律贱商人，商人已富贵矣；尊农夫，农夫已贫贱矣。故俗之所贵，主之所贱也；吏之所卑，法之所尊也。上下相反，好恶乖迕，而欲国富法立，不可得也。

方今之务，莫若使民务农而已矣。欲民务农，在于贵粟；贵粟之道，在于使民以粟为赏罚。今募天下入粟县官，得以拜爵，得以除罪。如此，富人有爵，农民有钱，粟有所渫⑤。夫能入粟以受爵，皆有余者也；取于有余，以供上用，则贫民之赋可损，所谓损有余、补不足，令出而民利者也。顺于民心，所补者三：一曰主用足，二曰民赋少，三曰劝农功。今令民有车骑马一匹者，

---

① 操其奇赢，指牟取暴利。
② 冠盖相望，路上彼此可以望见冠盖，指商人往来不绝。
③ 乘坚策肥，指乘坚固的车，骑肥壮的马。
④ 履丝曳缟，指脚上穿着丝鞋，身上披着丝织长衣。
⑤ 渫，分散。这里指粮食能从富人、商人手中分散出来。

复卒三人。车骑者，天下武备也，故为复卒。神农之教曰："有石城十仞，汤池百步，带甲百万，而亡粟，弗能守也。"以是观之，粟者，王者大用，政之本务。令民入粟受爵至五大夫以上，乃复一人耳，此其与骑马之功相去远矣。爵者，上之所擅，出于口而亡穷；粟者，民之所种，生于地而不乏。夫得高爵与免罪，人之所甚欲也。使天下人入粟于边，以受爵免罪，不过三岁，塞下之粟必多矣。(《汉书·食货志》)

【名言警句】

〖欲民务农，在于贵粟；贵粟之道，在于使民以粟为赏罚。〗

〖所谓损有余、补不足，令出而民利者也。〗

〖粟者，王者大用，政之本务。〗

本大末小，居重驭轻

——唐·陆贽《论关中事宜状》

在《乞校正陆贽奏议进御札子》这份奏章中，苏轼称赞陆贽"才本王佐，学为帝师"，将其与张良、贾谊并论，认为"智如子房，而文则过；辨如贾谊，而术不疏"；称赞其文"聚古今之精英，实治乱之龟鉴""上以格君心之非，下以通天下之志"。不仅如此，以东坡高才，还模仿陆贽笔法，运用排比、端陈史实，写就了自己的这篇公文代表作。

除了苏东坡，陆贽的粉丝还有很多。比如，正史中照例不收排偶之作，但是《新唐书》编者宋祁认为陆贽论谏"讥陈时病，皆本仁义"，破例推崇选录其奏议10余篇。司马光编《资治通鉴》时，"尤重贽议论，采奏疏三十九篇"。宋高宗赵构彻夜阅读陆贽奏议，"比晓，目遂肿痛，不能出"。明太祖朱元璋赞赏陆贽"在翰林，能正言谠论，补益当时"。曾国藩编《经史百家杂钞》等许多古文选本时，均较多选入陆贽的奏章，视其为古文之范式，等等。陆贽的著作还广泛传播于周边国家，朝鲜王朝正祖时期十分推崇《陆奏》，正祖君臣日常研读，为施政之借鉴；陆贽著作自宋朝传到日本后，历代天皇都将其作为必读的治国经典，称陆贽是"圣哲中的圣哲，明珠中的明珠"。

陆贽生于唐玄宗天宝十三载（754年），逝于唐顺宗永贞元年（805年），18岁登进士第第6名，仕途从华州郑县尉起步，直至宰相，后受奸佞谮害贬为忠州别驾，去世后谥"宣"，后人遂以"陆宣公"称之。陆贽的一生正是唐朝由盛转衰的时候，即安史之乱至永贞革新这一时期。陆贽出生时，唐朝还处于"忆昔开元全盛日，小邑犹藏万家室"的巅峰时期，但第二年便"渔阳鼙鼓动地来"，河南、河北和东、西两京相继残破。9年后，安史之乱平息时，举国面目全非。此时，由于人口锐减、府兵制破坏，朝廷在军事上失去了对地方的控制，政治上的中央集权被大大削弱，战乱所培育的地方强藩多半拥兵坐大，不服朝廷节制；民众流亡四方，重新均田也不可能，支撑盛唐的租庸调税制被彻底破坏，政府也断了财源。同时，朝廷屡借外兵平乱，不仅国威大损，羽翼渐丰的回纥和吐蕃也尽窥关内、关东的虚实，滋生了入侵野心。

陆贽于唐德宗建中二年（781年）由地方小官入京为监察御史，不久成为翰林学士，之后10年翰学、2年宰相、10年远谪，于唐德宗病死之年逝世。一生与颇有文才但猜忌苛刻、大权独揽又刚愎自用、聚敛钱财还宠信奸佞的唐德宗相始终，虽然得到过信任，能够运筹帷幄，使天下转危为安，但刚正近"迂"的陆贽终不为德宗所容，甚至盛怒欲诛，可谓"但其不幸，仕不遇时""使德宗尽用其言，则贞观可得而复"。即便如此，陆贽也通过翰林学士的身份影响唐德宗，间接影响了时局发展并救民于水火，被称为"救时内相"。

陆贽以文传世，但如果只是行文高手，显然不会位列"十大贤相"。作为杰出的政治家，他不仅拥有直面乱局的勇气、扭转危局的智慧，更难能可贵地具有居安思危、操治虑乱的忧患意识和底线思维。《论关中事宜状》就是一篇保持历史清醒、坚持问题导向、预判风险隐患的名篇佳作。

唐德宗建中四年（783年）八月，淮西节度使李希烈叛唐，围攻襄城。为解襄城之围，唐德宗诏令包括泾原兵在内的各道兵马驰援襄城。同年十月，泾原节度使姚令言率领援军路过京城长安，寄希望于朝廷丰厚赏赐，却分文未得。大军冒雨行至浐水，士卒疲惫交加，京兆尹却以粗饭犒赏军队，士兵一路累积的不满终于爆发，扬言"吾辈将死于敌，而食且不饱，安能以微命拒白刃邪"，且听闻琼林、大盈二库金帛盈溢，遂哗变，转向攻入长安，大肆掠夺府库金银，并拥立朱泚为皇帝。唐德宗仓皇逃离，赴奉天（今陕西乾县）避难，并被叛军围攻月余，史称"奉天之难"。

就在"奉天之难"发生前一个月，陆贽上《论关中事宜状》。在这篇奏议里，刚满30岁的陆贽透过纷繁复杂的政治活动和社会现象，将历史、现实和未来贯通起来思考，找到事件背后的叠加、联动和放大效应，立足于稳大局，致力于除隐患。

一、开篇劈空立论，点出危机所在

从"臣顷览载籍，每至理乱废兴之际，必反复参考，究其端由"，至"古人所谓'愚夫言之，而明主择之'，惟陛下幸留听焉"为第一部分。

奏状开门见山、简明扼要，交代"论关中事宜"的缘起，直接点出当下问题所在。治国理政自有其道，得之则强，失之必弱，关键在于"居重驭轻"，强调"德与威不可偏废""轻与重不可倒持"，如果有所偏废、颠倒轻重，即是取败之道、启祸之门。陆贽毫不避讳地点出唐德宗目前"竭国以奉军，倾中以资外"，就是"倒持之势"，如同一记棒喝。随后，陆贽表明"深测忧危之端""忠于事主之分"的公忠体国之心，希望唐德宗可以"留听"查用。

二、旁征博引对比，列举史实验证

从"臣闻国家之立也，本大而末小，是以能固"，至"远考前代成败，近鉴国朝盛衰，垂无疆之休，建不拔之业"为第二部分。

奏状通过对照历史，印证现实。陆贽在这部分具体阐述了"居重驭轻"对于强基固本、稳定政权的重要意义。首先，明确提出"王畿者，四方之本也；京邑者，又王畿之本也"，为了"御诸夏""镇抚戎狄"，要"转天下租税，委之京师；徙郡县豪杰，处之陵邑"。然后，按照历史脉络，从正反两方面列举唐太宗立制、安禄山窃柄、唐肃宗中兴、先皇帝东游等国运高低起伏的现实案例，桩桩件件宛在眼前，兴衰成败皆在权柄。最后，郑重建议唐德宗"远考前代成败，近鉴国朝盛衰"，尽快作出政治决断，调整大政方针，实现"居重驭轻"。

三、着眼大局大势，分析风险隐患

从"今则势可危虑，又甚于前"，至"惟陛下熟察之，过防之"为第三部分。

奏状最见陆贽洞幽烛微、燮理阴阳、观大势、谋大事的内容就在这一部分。陆贽直言极谏，先外后内，详细分析各方势力在斗争中的思想和心理状态，结合实际情况推演风险隐患的传导链条，明确指出当下问题所在，向唐德宗发出风险预警。

首先，对外部风险展开分析。自先皇帝以来，朝廷与"西戎""北虏"等敌人进行了军事、外交的双重博弈，到目前形成了"遂求通好，少息交侵"的较为安定的局面，是因为敌人"马丧兵疲，务以计谋相缓"，而不是"畏威怀德，必欲守信结和"。一旦"息兵稍久，育马渐蕃"，他们便要"假小事忿争"，苟有"便利可窥",就不肯"端然自守"。从这一历史经验出发,引出当下护军远出、首都空虚,若贼臣引诱外敌入侵,"陛下其何以御之"之问。

其次,分析朝廷内部客观存在的风险隐患。"伐叛之初"没有充分认识到问题的艰巨性、复杂性,"多易其事",到后来"兵连祸拏,变故难测,日引月长,渐乖始图"。以前祸乱国家的叛军将领,已经"四去其三","而患不衰";以前为朝廷所信重的将领,"今则自叛矣,而又难保"。由此得出一个深刻的道理:"立国之安危在势,任事之济否在人。势苟安,则异类同心也;势苟危,则舟中敌国也。"当前,"宫苑之内,备卫不全",若有朱滔、李希烈这样所信任的将领反叛,则"陛下复何以备之"。这样的灵魂之问,振聋发聩。

最后,陆贽再一次恳请唐德宗"居安备危""熟察之,过防之"。

四、拆解风险链条,奏陈解忧建议

从"且今之关中,即古者邦畿千里之地也,王业根本,于是在焉",至末尾"端本整梦,无易于此。谨奏"为第四部分。

奏状可贵之处不仅在于能够敏锐发现风险隐患,更在于能够深刻把握风险的走向并化解风险的要害,将图长远和利当前有机结合,建真言、献长策。

先分析当前有利条件,朝廷所在的关中地区历来是"王业根本",只是由于"执事者"的胡作为、乱作为,导致"倒持太阿,授人以柄",致使当下走入"无适而可"的境地。

然后提出了化解风险、解决问题的方案,对照前文分析的风险传递链条,逐条逐项进行化解。比如,改变用兵策略,追还护卫皇帝的神策六军;严令有关地区"严备封守""各保安居",消除风险苗头;停罢各种苛捐杂税,停止强制征兵等,使人心安稳。

一整套有利于当前和长远的举措下来，就能为从根本上解决问题赢得时间和空间。

遗憾的是，陆贽的建议并没有引起唐德宗的重视。但这篇奏状中所体现出的本大末小、居重驭轻的思想方法，同时也是行文方法，却为后世留下了一笔宝贵的财富。

如果通观陆贽的公文，会发现没有一篇是凭空立论，篇篇都是因时、因事、因人而发。陆贽的《翰苑集》约13万字，传了1200多年竟一篇不缺，堪称奇迹。仔细分析其中缘由，无非历代推崇，读者既多、阅览已久，说到底还是历史的认可。而历史的背后站着的是一个个具体的人，文能传世的前提，是文可润心，是人民大众的认可。

文章特别是公文，如何获得历史的认可呢？通过陆贽的奏议可以得出以下几点。

一是正当时。所谓"文不当时，一文不值"，只有坚持实事求是，立足当下环境背景、立足自身实力条件，直面前进道路上遇到的问题，不虚美、不隐恶地分析问题，才能于时有益、于世有益。

二是能管用。"不遇盘根错节，何以别利器？"只有真正对所遇到的问题有全面、深入和辩证的了解，看到他人看不到的隐患，预料他人未曾想到的风险，透析他人难以觉察的趋势，才能对症下药、药到病除，药力持久、副作用小，通过拥有"使用价值"而进一步获得"价值"。

三是顾大局。语言和文章是思维的物质外壳，是心灵的窗户和思想的载体。一个人的语言风格、行文风格及其传达力度，反映着其内在世界所达到的境界，牵连着对事物的洞见程度。"纸上之功，大有深浅"，深浅之别反映的是境界的高低、胸怀的宽窄。只有把国家、民族、人民大众时刻放在心头，鸿毛笔管才能彰显千钧笔力，刀笔小吏也能发出洪荒之力。

【原文】

论关中事宜状

唐·陆贽

右。臣顷览载籍，每至理乱废兴之际，必反复参考，究其端由。与理同道罔①不兴，与乱同趣罔不废，此理之常也。其或措置不异，安危则殊，此时之变也。至于君人有大柄，立国有大权，得之必强，失之必弱，是则历代不易，百王所同。夫君人之柄，在明其德威；立国之权，在审其轻重。德与威不可偏废也，轻与重不可倒持也。蓄威以昭德，偏废则危；居重以驭轻，倒持则悖。恃威则德丧于身，取败之道也；失重则轻移诸己，启祸之门也。陛下天赐勇智，志期削平，忿兹昏迷，整旅奋伐，海内震叠，莫敢宁居，此诚英主拨乱拯物，不得已而用之。然威武四加，非谓蓄矣。所可兢兢保惜，慎守而不失者，唯居重驭轻之权耳。陛下又果于成务，急于应机，竭国以奉军，倾中以资外，倒持之势，今又似焉。臣是以疢心如狂，不觉妄发，辄逾顾问之旨，深测忧危之端。此臣之愚于自量，而忠于事主之分也。古人所谓"愚夫言之，而明主择之"，惟陛下幸留听焉。

臣闻国家之立也，本大而末小，是以能固。又闻理天下者，若身之使臂，臂之使指，则大小适称而不悖焉。身所以能使臂者，身大于臂故也；臂所以能使指者，臂大于指故也。王畿者，四方之本也；京邑者，又王畿之本也，其势当令京邑如身，王畿如臂，

---

① 罔，无、没有之意。

四方如指，故用则不悖，处则不危。斯乃居重驭轻，天子之大权也。非独为御诸夏而已，抑又有镇抚戎狄之术焉。是以前代之制，转天下租税，委之京师；徙郡县豪杰，处之陵邑；选四方壮勇，实之边城。其赋役，则轻近而重远也；其惠化，则悦近以来远也。太宗文皇帝既定大业，万方底乂①，犹务戎备，不忘虑危，列置府兵，分隶禁卫，大凡诸府八百余所，而在关中者殆五百焉。举天下不敌关中，则居重驭轻之意明矣。

承平渐久，武备浸微，虽府卫俱存，而卒乘罕习。故禄山窃倒持之柄，乘外重之资，一举滔天，两京不守。尚赖经制，颇存典刑，强本之意则忘，缘边之备犹在，加以诸牧有马，每州有粮，故肃宗得以为资，中复兴运。乾元之后，大憝②初夷，继有外虞，悉师东讨，边备既弛，禁戎亦空。吐蕃乘虚，深入为寇，故先皇帝莫与为御，避之东游。是皆失居重驭轻之权，忘深根固柢之虑。内寇则崤、函失险，外侵则汧、渭为戎。于斯之时，朝市离析，事变可虑，须臾万端，虽有四方之师，宁救一朝之患？陛下追想及此，岂不为之寒心哉！尚赖宗社威灵，先皇仁圣，攘却丑类，再安宸居，城邑具全，宫庙无闟。此又非常之幸，振古所未闻焉。足以见天意之于皇家，保佑深矣，故示大儆，将弘永图。陛下诚宜上副玄心，下察时变，远考前代成败，近鉴国朝盛衰，垂无疆之休，建不拔之业。

今则势可危虑，又甚于前。伏惟圣谋，已有成算，愚臣未达，敢献所忧。先皇帝还自陕郭，惩艾往事，稍益禁卫，渐修边防。是时关中有朔方、泾原、陇右三帅，以捍西戎；河东有太原全军，以控北虏。此四军者，皆声势雄盛，士马精强。又征诸道戍兵，每岁乘秋备塞，尚不能保固封守，遏其奔冲，京师戒严，比比而

---

① 乂，治理，安定之意。
② 大憝，指极为人所怨恶。

有。陛下嗣膺宝位，威慴殊邻，蠢兹昆夷，犹肆毒蠚①，举国来寇，志吞岷梁。贪冒既深，覆亡几尽，遂求通好，少息交侵。盖缘马丧兵疲，务以计谋相缓，固非畏威怀德，必欲守信结和，所以历年优柔，竟未坚定要约。息兵稍久，育马渐蕃，必假小事忿争，因复大肆侵掠。张光晟又于振武诱杀群胡，自尔以来，绝无虏使，其为嫌怨，足可明征。借如吐蕃实和，回纥无憾，戎狄贪诈，乃其常情，苟有便利可窥，岂肯端然自守！今朔方、太原之众远在山东，神策六军之兵继出关外，倘有贼臣唊寇，黠虏窥边，伺隙乘虚，微犯亭障，此愚臣所窃为忧者也，未审陛下其何以御之？

侧闻伐叛之初，议者多易其事，佥谓有征无战，役不逾时，计兵未甚多，度费未甚广，于事为无扰，于人为不劳。曾不料兵连祸挐，变故难测，日引月长，渐乖始图。故前志以兵为凶器，战为危事，至戒至慎，不敢轻用之者，盖为此也。当胜而反败，当安而倒危，变亡而为存，化小而成大，在覆掌之间耳，何可不畏而重之乎？近事甚明，足以为鉴。往岁为天下所患，咸谓除之则可致升平者，李正己、李宝臣、梁崇义、田悦是也；往岁为国家所信，咸谓任之则可除祸乱者，朱滔、李希烈是也。既而正己死，李纳继之；宝臣死，惟岳继之；崇义卒，希烈叛；惟岳戮，朱滔携。然则往岁之所患者，四去其三矣，而患竟不衰；往岁之所信者，今则自叛矣，而又难保。是知立国之安危在势，任事之济否在人。势苟安，则异类同心也；势苟危，则舟中敌国也。陛下岂可不追鉴往事，惟新令图，循偏废之柄以靖人，复倒持之权以固国？而乃孜孜汲汲②极思劳神，徇无已之求，望难必之效，其于为人除害之意，则已至矣，其为宗社自重之计，恐未至焉！

自顷将帅徂征，久未尽敌，苟以借口，则请济师。陛下乃为

---

① 蠚，同蜇。
② 孜孜汲汲，心情急切、勤勉不懈的样子。

之辍边军，缺环卫，虚内厩之马，竭武库之兵，占将家之子以益师，赋私养之畜以增骑。犹且未战，则曰乏财。陛下又为之算室庐，贷商贾，倾司府之币，设请榷之科。关辅之间，征发已甚；宫苑之内，备卫不全。万一将帅之中，又如朱滔、希烈，或负固边垒，诱致豺狼；或窃发郊畿，惊犯城阙。此亦愚臣所窃为忧者也，未审陛下复何以备之？

以陛下圣德君临，率土欣戴，非常之虑，岂所宜言。然居安备危，哲王①是务，以言为讳，中主不行。若备之已严，则言亦何害？倘忽而未备，又安可勿言？臣是以罄陈狂愚，无所讳避，罔敢以中主不行之事，有虞于圣朝也。惟陛下熟察之，过防之。

且今之关中，即古者邦畿千里之地也，王业根本，于是在焉。秦尝用之以倾诸侯，汉尝因之以定四海，盖由凭山河之形胜，宅田里之上腴，弱则内保一方，当天下之半，可以养力俟时也；强则外制东夏，据域中之大，可以蓄威昭德也。豪勇之在关中者，与籍于营卫不殊；车乘之在关中者，与列于厩牧不殊；财用之在关中者，与贮于帑藏不殊：有急而须，一朝可聚。今执事者，先拔其本，弃重取轻，所谓倒持太阿，授人以柄。议制置，则强干弱枝之术反；语绥怀，则悦近来远之道乖。求诸通方，无适而可。顾臣庸懦，窃为陛下惜之！

往者不可追，来者犹可补。臣不胜恳恳忧国之至，辄敢效其狂鄙，以备采择之一端。陛下倘俯照微诚，过听愚计，使李芃援东洛，怀光救襄城，希烈凶徒，势必退衄。则所遣神策六军士马，及点召节将士子弟东行应援者，悉可追还。河北既有马燧、抱真，固亦无借李晟，亦令旋斾，完复禁军。明敕泾、陇、邠、宁，但令严备封守，仍云更不征发，使知各保安居。又降德音，劳徕畿

---

① 哲王，指贤明的君主。

甸，具言京辇之下，百役殷繁，且又万方会同，诸道朝奏，恤勤怀远，理合优容。其京城及畿县所税间架、榷酒、抽贯、贷商、点召等，诸如此类，一切停罢。则冀已输者弭怨，见处者获宁，人心不摇，邦本自固，祸乱无从而作，朝廷由是益尊。然后可以度时宜，施教令，弛张自我，何有不从？端本整萦，无易于此。谨奏。(《陆宣公集》)

【名言警句】

〖与理同道罔不兴，与乱同趣罔不废，此理之常也。〗

〖臣闻国家之立也，本大而末小，是以能固。〗

〖是知立国之安危在势，任事之济否在人。势苟安，则异类同心也；势苟危，则舟中敌国也。〗

〖凭山河之形胜，宅田里之上腴〗

〖往者不可追，来者犹可补。〗

〖人心不摇，邦本自固〗

【成语来源】

居重驭轻——〖德与威不可偏废也，轻与重不可倒持也。蓄威以昭德，偏废则危；居重以驭轻，倒持则悖。恃威则德丧于身，取败之道也；失重则轻移诸己，启祸之门也。〗

士马精强——〖此四军者，皆声势雄盛，士马精强。〗

孜孜汲汲——〖而乃孜孜汲汲极思劳神，徇无已之求，望难必之效，其于为人除害之意，则已至矣，其为宗社自重之计，恐未至焉！〗

文以适用为本

——北宋·王安石《本朝百年无事札子》

宋仁宗庆历二年（1042年），年轻的王安石赴京赶考，成绩优异，初评为状元。可当试卷摆在最终评审官——皇帝面前时，意外发生了。由于王安石在试卷里引用了"孺子其朋"这一典故，引起皇帝不悦，最终由状元降为第4名。

宋仁宗是出了名的仁慈。比如，后来的苏辙在参加殿试时，批评皇帝不关心民生疾苦，仁宗皇帝也不生气，还评价其敢言、直言。那么，王安石的这句"孺子其朋"为什么就触了龙鳞？这句话出自周公，在辅佐周成王亲政之后，周公教诲成王说："孺子其朋，孺子其朋，其往！无若火始焰焰；厥攸灼叙，弗其绝。"大意是说，要和群臣融洽相处，要防微杜渐，好比火苗，等到火势蔓延，就扑不灭了。联想到宋仁宗少年即位、刘太后垂帘听政的经历，听到一个考生说出这么一句教育人的话，不悦，也在情理之中。即便如此，皇帝也没有将王安石除名，仅降为第4名，成绩依然很高。

对于"孺子其朋"这个引文，考官们不可能没发现，对于这个问题，也不可能没注意到，但仍将试卷列为第一，足以说明王安石的文章实在是好，可以说是断层式的好，以至只能让皇帝最终抉择，而皇帝也确实很惜才。

这件事典型地说明了王安石的行文风格，就像他自己所说的，"且所谓文者，务为有补于世而已矣；所谓辞者，犹器之有刻镂绘画也。诚使巧且华，不必适用；诚使适用，不必巧且华"。就是说，文章是要有实际用处的，至于用什么辞藻、怎么表达，就好比器物上的"刻镂绘画"，言外之意，就是装饰作用，没那么重要。这么看来，就不难理解"孺子其朋"的引用只是"刻镂绘画"，而这种装饰作用的文辞，王安石其实是不大在意的。他所真正追求的是文贵致用，"治教政令，圣人之所谓文也""要之以适用为本""虚辞伪事，不足为也"。《本朝百年无事札子》就是其行文理念和风格的代表。

这篇奏书写于宋神宗即位的第二年。此前，王安石已积累了在鄞县、舒州、常州、江宁等多个地方的从政经验，也在京城做过官，曾作长达万言的《上仁宗皇帝言事书》，系统提出了变法主张，但未被采纳。之后的宋英宗在位时间不长，待神宗皇帝即位后，面对统治危机、朝堂积弊，力主变法。要变祖宗之法，就要先作理论准备，于是皇帝抛出了一个课题。据《续资治通鉴》记载，熙宁元年（1068年）四月，宋神宗诏翰林学士王安石"越次入对"。皇帝问："祖宗守天下，能百年无大变，粗致太平，以何道也？"王安石顺势表明，治国之道，首先要确定革新方法，但"迫于日晷，不敢久留，语不及悉，遂辞而退"。回去后，他把那些未竟的话都写在了《本朝百年无事札子》里，一方面回答大宋为什么能百年无事；另一方面，也是更重要的，全面剖析时弊并提出了变法纲目。

一、纲举目应，详略得当，如一笔书

从整体的角度看，这篇奏书一气呵成，如同一幅流畅的书法作品。先是用不长的段落点出过往5朝的成功经验，重点强调的是太祖一朝为"百年无事"奠定了基础，所谓"指挥付托，必尽其材；变置施设，必当其务"，一是讲用人得当，二是讲应时革新。这两点实际是王安石借着夸赞宋太祖，巧妙地讲出了要变法的核心观点，其隐含的意思是，连太祖都强调善于用人和敢于变革，那祖宗之法有什么不可变的？再进一层的意思是，所谓的祖宗之法，就是求变之法。这可以看作本文的"纲"。

太祖之后的4位皇帝，则是一笔带过。着墨最多的是仁宗一朝，因为这个阶段距离当下近，也因为仁宗皇帝在位时间长。这一部分，王安石归纳了仁宗的6条成功经验：一是宽仁恭俭，出于自然，忠恕诚悫，终始如一；二是未尝妄兴一役，未尝妄杀一人，断狱务在生之，而特恶吏之残扰，宁屈己弃财于夷狄，而终不忍加兵；三是刑平而公；四是赏重而信；五是公听并观，而不蔽于偏至之谗；六是因任众人耳目，拔举疏远，而随之以相坐之法。之后的6个"之效也"，就是对于以上成功经验的论据佐证。这一部分看上去有不少重复之言，但也恰恰证明了王安石追求文贵致用，不大在意文辞修饰的风格。

接下来笔锋一转，开始讲累积到当朝的问题。神宗皇帝即位没多久，谈不上有什么成功经验，而要继续"无事"，就要解决百年来的积弊。在这里，王安石一口气讲了十几个问题，既有人事的问题，又有法度的问题；既有军事的问题，又有财经的问题。这些问题就是变法所向，就是"目"。

话说到这个程度，给人的感觉就是解决问题已刻不容缓，自然地就引出了这句鼓舞人心的话，"大有为之时，正在今日"。

二、析理透辟，文简理周，概括性强

从观点的角度看，这篇奏书始终没有离开的一个核心观点，就是"要变法"。讲太祖"除苛赋，止虐刑，废强横之藩镇，诛贪残之官吏"，这是变法。用大量笔墨讲仁宗的宽仁恭俭、忠恕诚恳，其目的之一也是要说明，"百年无事"更多是因为"天助"，一方面夷狄并不昌炽，又没有大的水旱灾害；另一方面遇到了好皇帝，可是"知天助之不可常恃，知人事之不可怠终"，还是要变法。正因此，明代藏书家茅坤在《唐宋八大家文钞》中评论这篇奏书时说："此篇极精神骨髓。荆公所以直入神宗之胁，全在说仁庙（即仁宗）处，可谓搏虎屠龙手。"

清代刘熙载在《艺概·文概》中评论此文说："只下一二语便可扫却他人数大段，是何简贵。"比如，在讲到面临的问题时，王安石就用简要的语言作了极强的概括，比如"一切因任自然之理势，而精神之运有所不加，名实之间有所不察""君子非不见贵，然小人亦得厕其间""正论非不见容，然邪说亦有时而用""以诗赋记诵求天下之士，而无学校养成之法""以科名资历叙朝廷之位，而无官司课试之方"，等等，简简单单一句话，就将问题说得辩证而全面，清晰明了，直指要害。

三、行文直截了当，关键处斩钉截铁

从行文的角度看，这篇奏书在论述完某一方面的现象或问题后，往往敢于在关键处直接下断语，可谓斩钉截铁。比如，讲完太祖的一系列做法后，直截了当给出总的结论，"其于出政发令之间，一以安利元元为事"，即政令以有利于百姓为出发点；又如，开始讲问题时，直接描绘出一种不利于干事创业的氛围，皇亲国戚和群臣没人议论存在的弊病，皇帝身边都是宦官女子，各部门干的也都是具体而琐碎的事，"未尝如古大有为之君，与学士大夫讨论先王之法，以措之天下也"，换句话说，就是安于现状，缺乏忧患意识，更谈不上顶层设计；再如，讲完人事方面存在的种种问题之后，斩钉截铁地说，在这样一种"上下偷惰取容"的环境影响下，想干事、能干事的人也发挥不了什么作用，"虽有能者在职，亦无以异于庸人"，等等。通观全文会发现，这一行文特点贯穿始终。

这篇札子呈上后，宋神宗高度认可，二人很快结成了变法"同盟"，不久，王安石升任宰相。无怪乎后世有学者说，"公之倾动主上，得专政柄者，尽在此书"。

【原文】

本朝百年①无事札子

北宋·王安石

臣前蒙陛下问及本朝所以享国百年，天下无事之故。臣以浅陋，误承②圣问，迫于日暮，不敢久留，语不及悉，遂辞而退。窃惟念圣问及此，天下之福，而臣遂无一言之献，非近臣所以事君之义，故敢昧冒而粗有所陈。

---

① 百年，指从北宋王朝建立（960年）到宋神宗即位（1067年）。
② 误承，辜负。

伏惟太祖躬上智独见之明，而周知人物之情伪。指挥付托必尽其材；变置①施设必当其务②。故能驾驭将帅，训齐士卒，外以捍夷狄，内以平中国。于是除苛赋，止虐刑，废强横之藩镇，诛贪残之官吏，躬以简俭为天下先。其于出政发令之间，一以安利元元③为事。太宗承之以聪武，真宗守之以谦仁，以至仁宗、英宗，无有逸德④。此所以享国百年而天下无事也。

仁宗在位，历年最久。臣于时实备从官⑤，施为本末，臣所亲见。尝试为陛下陈其一二，而陛下详择其可，亦足以申鉴⑥于方今。

伏惟仁宗之为君也，仰畏天，俯畏人，宽仁恭俭，出于自然，而忠恕诚悫⑦，终始如一。未尝妄兴一役，未尝妄杀一人，断狱务在生之，而特恶吏之残扰，宁屈己弃财于夷狄，而终不忍加兵。刑平而公。赏重而信。纳用谏官御史，公听并观，而不蔽于偏至之谗。因任众人耳目，拔举疏远，而随之以相坐⑧之法。盖监司之吏以至州县，无敢暴虐残酷，擅有调发以伤百姓；自夏人顺服，蛮夷遂无大变，边人父子夫妇得免于兵死；而中国之人安逸蕃息，以至今日者，未尝妄兴一役，未尝妄杀一人，断狱务在生之，而特恶吏之残扰，宁屈己弃财于夷狄，而不忍加兵之效也。大臣贵戚、左右近习⑨，莫敢强横犯法，其自重慎，或甚于间巷之人，此刑平而公之效也。募天下骁雄横猾以为兵，几至百万，非有良将

---

① 变置，革新。
② 当其务，适合当时的需要。
③ 安利元元，使老百姓安定，得到好处。元元，老百姓。
④ 逸德，失德。
⑤ 实备从官，充当随从官员。
⑥ 申鉴，借鉴。
⑦ 诚悫，诚恳。
⑧ 相坐，这里指推荐他人做官，如果被推荐的人犯了法，推荐人也连带受处分。
⑨ 左右近习，指君主亲近的人。

以御之，而谋变者辄败；聚天下财物，虽有文籍，委之府史，非有能吏以钩考，而断盗者辄发；凶年饥岁，流者填道，死者相枕，而寇攘辄得，此赏重而信之效也。大臣贵戚、左右近习，莫能大擅威福，广私货赂，一有奸慝，随辄上闻；贪邪横猾，虽间或见用，未尝得久，此纳用谏官、御史，公听并观，而不蔽于偏至之谗之效也。自县令京官以至监司台阁，升擢之任，虽不皆得人，然一时之所谓才士，亦罕蔽塞而不见收举者，此因任众人之耳目，拔举疏远，而随之以相坐之法之效也。升遐之日，天下号恸，如丧考妣，此宽仁恭俭出于自然，忠恕诚悫终始如一之效也。

然本朝累世因循末俗之弊，而无亲友群臣之议。人君朝夕与处，不过宦官女子；出而视事，又不过有司之细故。未尝如古大有为之君，与学士大夫讨论先王之法，以措之天下也。一切因任自然之理势，而精神之运有所不加，名实之间有所不察。君子非不见贵，然小人亦得厕①其间。正论非不见容，然邪说亦有时而用。以诗赋记诵求天下之士，而无学校养成之法；以科名资历叙朝廷之位，而无官司课试之方。监司无检察之人，守将非选之吏。转徙之亟②，既难于考绩，而游谈之众，因得以乱真。交私养望③者多得显官，独立营职者或见排沮。故上下偷惰取容而已，虽有能者在职，亦无以异于庸人。农民坏于徭役，而未尝特见救恤，又不为之设官，以修其水土之利。兵士杂于疲老，而未尝申饬训练，又不为之择将，而久其疆场之权。宿卫则聚卒伍无赖之人，而未有以变五代姑息羁縻之俗。宗室则无教训选举之实，而未有以合先王亲疏隆杀之宜。其于理财，大抵无法，故虽俭约而民不富，虽忧勤而国不强。赖非夷狄昌炽之时，又无尧、汤水旱之变，

---

① 厕，参与。
② 转徙，调动。亟，屡次，频繁。
③ 交私养望，靠私交追求声望。

故天下无事，过于百年。虽曰人事，亦天助也。盖累圣相继，仰畏天，俯畏人，宽仁恭俭，忠恕诚悫，此其所以获天助也。

伏惟陛下躬上圣之质，承无穷之绪，知天助之不可常恃，知人事之不可怠终，则大有为之时，正在今日。臣不敢辄废将明之义①，而苟逃讳忌之诛。伏惟陛下幸赦而留神，则天下之福也。取进止②。（《临川先生文集》）

【名言警句】

〖其于出政发令之间，一以安利元元为事。〗

〖公听并观，而不蔽于偏至之逸。〗

〖知天助之不可常恃，知人事之不可怠终〗

---

① 将明之义，奉行职责，阐明事理的责任。
② 取进止，这是写给皇帝奏章的套语，意思是"听候裁决"。

一篇杰出的形势分析报告

——南宋·辛弃疾《美芹十论·审势第一》

郭沫若曾为辛弃疾纪念祠题写楹联:"铁板铜琶继东坡高唱大江东去,美芹悲黍冀南宋莫随鸿雁南飞。"上联说的是辛弃疾在文学上的成就和地位,"一代词宗",与苏东坡齐名;下联说的是辛弃疾作为一名将领在军事上的贡献,联中的"美芹"就是其代表作《美芹十论》。

辛弃疾出生于济南历城,彼时北方已沦于金人之手。辛弃疾21岁那年,金主完颜亮大举南侵,金朝统治下的中原地区赋役繁重、不堪征调,导致起义频发,辛弃疾聚众2000多人参加了耿京的抗金起义军。起义失败后,南归宋廷,辛弃疾开启了仕宦生涯,时年23岁。此后的20年间,他担任过通判、知州、提刑、安抚使等官职,也平定过茶商军之乱,还创制了"飞虎军",但他的抗金主张始终没有被南宋朝廷采纳,还因为所谓"归正人"的身份屡遭排挤。从43岁起,辛弃疾闲居江西上饶达20年,到了暮年,虽再次出仕,但在南宋朝廷偏安一隅、对收复失地已无信心的大环境下,终是壮志未酬。

《美芹十论》写就时,辛弃疾25岁左右。当时宋孝宗即位不久,欲收复中原,重用主战派人士张浚,发起"隆兴北伐",但没多久便宣告失败，随后签订"隆兴和议"，规定南宋对金朝不再称臣，改称叔侄关系；每年给金朝的"岁贡"改称"岁币"，岁币为每年银20万两、绢20万匹，等等。在这种情况下，主和派又占上风。年轻的辛弃疾"忠愤所激，不能自已"，向宋孝宗呈上了力主抗金且认为抗金必胜的《美芹十论》，《审势》是其中的第一论。

察形观势，正确判断形势、预见未来，是科学决策的基础和前提，是为制定方针、描绘蓝图提供依据。这就是《美芹十论·总序》中第一句所阐述的，"事未至而预图，则处之常有余；事既至而后计，则应之常不足"。在辛弃疾还是少年时，祖父辛赞就带着他"登高望远，指画山河"，他还两次由济南到燕山，一路上"谛观形势"，得以对各方面情况有了细致的观察和把握，相当于作了充分的调查研究，让自己后来的上书有着充足的信服力。

《美芹十论》言逆顺之理、消长之势，相当于一个研究规划类的综合性报告，大凡这样的报告或者讲话，一般在开始部分都涉及形势分析，而形势是由条件造成的，分析形势就是分析条件。

《审势》开篇讲了什么是形势，以及形与势的不同，实际上说的是形势判断的认识论和方法论。在辛弃疾看来，大小谓之形，虚实谓之势。"形"的东西可以迷惑人、吓唬人，比如土地广、财赋多、兵马众，但不起决定作用，就像一块巨石滚动下山，看上去声势浩大，但常会被壕沟、树木等阻挡，不仅人能躲避，而且等它停止时，也能"跨而逾之"。"势"的东西则不然，比如用弓箭和擂石攻城，"操纵自我，不系于人"，用好了是可以掌握主动权的，所以"有器必可用，有用必可济"。

结合上下文，我们可以进一步认识到，"形"是表面的现象，"势"是内在的实质，分析造成形势的具体条件时，不要被表面现象所迷惑，而要通过现象看到实质，也就是通过分析"形"看到真正的"势"，做到形势分析的辩证统一。

《审势》中主要分析了3个方面的条件：

在土地方面，"形"的东西是，金朝几乎控制着淮河以北的广大区域，"地非不广也"。但"势"的东西是，"地虽名为广"，其实容易闹矛盾、闹分裂，"辛巳之变"等众多割据蜂起的事件就是明证。

在财赋方面，"形"的东西是，金朝只在战时征兵而不花钱养兵、只在郊祭时行赏而从不广泛恩赏，再加上南宋给的岁币，以及平时横征暴敛，积累的金钱"财非不多也"。但"势"的东西是，"财虽名为多"，其实得到的岁币只有金和帛，这些东西可以用来赏赐，但不可以养士；抢夺来的中原粮仓，虽然可以养士，但不一定守得住；政府机构庞大、官吏横暴，老百姓可以勉强支付正常的赋税，可一旦遇到额外需求，官府只能收到一成，而官吏则贪污七八成，导致民不聊生、百姓叛乱，"叛则财不可得而反丧其资"。

在兵马方面，"形"的东西是，金朝占据大漠、草原，马匹众多，且金人善于骑射，"其兵又可谓之众矣"。但"势"的东西是，"名之曰多"，其实难以调配、容易溃散，强征的汉族士兵"怨愤所积，其心不一"，而征调的契丹族等部落的士兵，路途遥远，粮草等供给都不能及时跟上，完颜亮南犯时，靠着诛杀和胁迫，才征集到兵马，但不少人行军不到一半路程，就纷纷逃离，无法制止。

在文中，辛弃疾还讲述了自己所了解的金朝实情：在宫廷里，"骨肉间僭弑成风""嫡庶不定"；在朝堂上，"上下猜防，议论龃龉"；在所治区域，民怨沸腾。

通过以上分析，讲清了金朝形大而势虚的实际情况。由此得出结论，"我有三不足虑，彼有三无能为"，由此，敌人尚且自顾不暇，"何以谋人"？

好的文章在方法的运用上总有共通之处。类似于辛弃疾三不足虑、三无能为的对比分析，毛泽东在《论持久战》中通过对抗日战争中社会与自然、国内与国际、人心向背与武器优劣等条件的全面客观考察，得出了对形势发展的基本判断，即中日双方有4个基本特点：敌强我弱、敌退步野蛮我进步正义、敌小国我大国、敌寡助我多助，第一个特点决定了中国不能速胜，其他特点决定了中国不会亡国，进而得出抗日战争是持久战的结论。他在文中说，"基于客观情况，'审时度势'（这个势，包括敌势、我势、地势等项）而采取及时的和恰当的处置方法的一种才能，即是所谓'运用之妙'"。

【原文】

美芹[①]十论·审势第一

南宋·辛弃疾

用兵之道，形与势二。不知而一之，则沮于形、眩[②]于势，而胜不可图，且坐受毙矣。何谓形？小大是也。何谓势？虚实是也。土地之广，财赋之多，士马之众，此形也，非势也。形可举以示威，不可用以必胜。譬如转嵌岩于千仞之山，轰然其声，巍然其

---

① 美芹，芹即芹菜，意即"芹献"，比喻自己所献菲薄，是自谦的意思。在《美芹十论·总序》中，辛弃疾称："野人美芹而献于君，亦爱主之诚可取。"
② 眩，迷惑。

形，非不大可畏也，然而蛰留木拒，未容于直，遂有能迂回而避御之，至力杀形禁，则人得跨而逾之矣。若夫势则不然：有器必可用，有用必可济。譬如注矢石于高墉之上，操纵自我，不系于人，有轶而过者，抨击中射惟意所向，此实之可虑也。自今论之：虏人①虽有嵌岩可畏之形，而无矢石必可用之势，其举以示吾者，特以威而疑我也；谓欲用以求胜者，固知其未必能也。彼欲致疑，吾且信之以为可疑；彼未必能，吾且意其或能；是亦未详夫形、势之辨耳。臣请得而条陈之：

　　虏人之地，东薄于海，西控于夏，南抵于淮，北极于蒙，地非不广也；虏人之财，签兵②于民而无养兵之费，靳恩于郊而无泛恩之赏③，又辅之以岁币之相仍④，横敛之不恤，则财非不多也；沙漠之地马所生焉，射御长技人皆习焉，则其兵又可谓之众矣。以此之形，时出而震我，亦在所可虑，而臣独以为不足恤者，盖虏人之地虽名为广，其实易分，惟其无事，兵劫形制，若可纠合，一有惊扰，则忿怒纷争，割据蜂起。辛巳之变，萧鹧巴反于辽，开赵反于密，魏胜反于海，王友直反于魏，耿京反于齐、鲁，亲而葛王又反于燕，其余纷纷所在而是，此则已然之明验，是一不足虑也。

　　虏人之财虽名为多，其实难恃，得吾岁币惟金与帛，可以备赏而不可以养士；中原廪窖⑤，可以养士，而不能保其无失。盖虏政庞而官吏横，常赋供亿民粗可支⑥，意外而有需，公实取一而吏

---

①　虏人，对金人的蔑称。
②　签兵，征兵。
③　靳恩于郊而无泛恩之赏，只在郊祀祭天地时才给臣下一些有限的赏赐，而没有广泛的恩赐。
④　相仍，源源不断。
⑤　中原廪窖，金人在中原地区藏粮食的仓库和地窖。
⑥　常赋供亿民粗可支，正常赋税的供给，老百姓勉强可以支付。供亿，供给。

七八之，民不堪而叛；叛则财不可得而反丧其资，是二不足虑也。

若其为兵，名之曰多，又实难调而易溃。且如中原所签，谓之"大汉军"①者，皆其父祖残于蹂践之余，田宅罄于捶剥之酷，怨忿所积，其心不一；而沙漠所签者越在万里之外，虽其数可以百万计，而道里辽绝②，资粮器甲一切取办于民，赋输调发非一岁而不可至。始逆亮南寇之时，皆是诛胁酋长，破灭资产，人乃肯从，未几中道窜归者已不容制，则又三不足虑也。

又况虏廷今日用事之人，杂以契丹、中原、江南之士，上下猜防，议论龃龉，非如前日粘罕、兀术辈之叶，且骨肉间僭弒成风。如闻伪许王以庶长出守于汴，私收民心，而嫡少尝暴之于其父，此岂能终以无事者哉？我有三不足虑，彼有三无能为，而重之以有腹心之疾，是殆自保之不暇，何以谋人？

臣亦闻古之善觇人国者，如良医之切脉，知其受病之处而逆③其必殒之期，初不④为肥瘠而易其智。官渡之师，袁绍未遽弱也，曹操见之以为终且自毙者，以嫡庶不定而知之。咸阳之都，会稽之游，秦尚自强也，高祖见之以为当如是矣，项籍见之以为可取而代之者，以民怨已深而知之。盖国之亡，未有如民怨、嫡庶不定之酷，虏今并有之，欲不亡何待！臣故曰："形与势异。"为陛下实深察之。(《辛稼轩诗文钞存》)

【名言警句】

〖何谓形？小大是也。何谓势？虚实是也。〗

〖形可举以示威，不可用以必胜。〗

---

① "大汉军"，金人强行征调汉人所组成的军队。
② 辽绝，辽远。
③ 逆，预先，预知。
④ 初不，从来不，并不。

〖有器必可用,有用必可济。〗

〖臣亦闻古之善觇人国者,如良医之切脉,知其受病之处而逆其必殒之期,初不为肥瘠而易其智。〗

报告请示类

▲ 南北朝·鲍照
《请假启》

▲ 北宋·包拯
《乞不用赃吏疏》

▲ 北宋·苏轼
《杭州乞度牒开西湖状》

▲ 明·王守仁
《攻治盗贼二策疏》

文风俊逸的请假条

——南北朝·鲍照《请假启》

鲍照以诗文闻名,是李白、杜甫等一众唐朝大诗人的偶像。杜甫在《春日忆李白》中写道:"白也诗无敌,飘然思不群。清新庾开府,俊逸鲍参军。"这里的鲍参军就是鲍照,以俊逸的鲍照之风形容李白,相信李白也是乐于笑纳的。南宋大儒朱熹、元代学者陈绎也都说过,鲍照的诗文"李太白专学之""李、杜筋取此"。

文风俊逸的鲍照,人生却过得很不顺。鲍照属于低阶士族,在那个极其看重出身的年代、门阀制度森严的社会,是比较寒微的,有人就曾对他直言"郎位尚卑"。辗转入仕后,鲍照从事的始终都是幕僚一类的低阶官位,后因宫廷内部斗争死于乱兵之中。

才情逼人与仕途坎坷的矛盾,或许造就了鲍照在文学之外的谨小慎微。正因如此,两个原本简简单单的请假条,才写得如此令人动容,并流传至今。

第一张请假条是为了修葺房屋而请假30天。此时担任太学博士兼中书舍人的鲍照,居住的房屋竟"上漏下湿",特别是暑雨将至,处于倒塌的边缘,又没钱请人修葺,只得请假自己动手,也只能自称"居家乏治"。第二张请假条是因"病躯沉痼"又妹妹去世而续请100天。"屋漏偏逢连夜雨"。鲍照与妹妹的感情极好,自幼相依为命，曾作《登大雷岸与妹书》分享所经所感，描写旅途艰辛，并表达对亲人的挂念。面对妹妹的去世，鲍照的心境可想而知。

从内容上看，这两张请假条文辞越细腻，沉痛气氛就越弥漫。自己修房，居无定所，还重病缠身，加上妹妹的去世、母亲的忧疾，真正是"臣实百罹，孤苦风雨""心计焦迫，进退罔踬"。如此种种，不得不让鲍照感叹，自己是福薄之人，身心疲惫，常常"叹息和景，掩泪春风"。

从形式上看，这两张短短的请假条，在一定程度上也反映了当时的公文写作风格，连请假条都得这么对仗着写，都得这么讲究辞藻，何况其他？

【原文】

请假启

南北朝·鲍照

臣启：臣居家乏治，上漏下湿，暑雨将降，有惧崩压，比欲完葺，私寡功力，板锸绚涂，必须躬役。冒欲请假三十日，伏愿天恩，赐垂矜许。手启复追悚息。谨启。

又，臣启：臣所患弥留，病躯沉痼。自近蒙归，频更顿处①，

---

① 顿处，住宿的地方。

日夜间困或数四。委然①一弊，瞻景待化。加以凶衰，婴遘②惨悼。终鲜兄弟，仲由所哀。臣实百罹，孤苦风雨。天伦同气，实惟一妹③，存没永诀，不获计见，封瘗④泉壤，临送感恨，情痛兼深。臣母年老，经离忧伤，服粗食淡，羸耗增疾。心计焦迫，进退罔踬。冒起申假百日，伏愿天慈，赐垂矜许。臣违福履⑤，身事屯悴⑥，叹息和景，掩泪春风，执启涕结，伏追惶悚。谨启。(《鲍参军集》)

---

① 委然，困顿的样子。
② 婴，触，缠绕；遘，构成。
③ 贲，装饰得很美。鲍照之妹即鲍令晖，南朝宋女诗人，著《香名赋集》，已佚，其诗见于《玉台新咏》。
④ 瘗，掩埋，埋葬。
⑤ 福履，犹福禄。
⑥ 屯，聚集，储存；悴，衰弱，疲萎。

例子即观点

——北宋·包拯《乞不用赃吏疏》

反腐倡廉是历朝历代都要面对的问题，对任何政权来说都是大事。中国历史上流传下来许多惩治贪官污吏的故事，也涌现出一大批清正廉洁的典范，其中，包拯的故事流传甚广，他也成为清官的代表，民间称为"包青天"。

包拯是庐州合肥（今安徽合肥肥东）人，宋真宗咸平二年（999年）出生，宋仁宗天圣五年（1027年）中进士，早年担任过大理评事、建昌知县。为了照顾年迈的父母，先是请求在家乡附近就职，后又干脆辞官照顾双亲，直到二老过世。在中国传统文化中，忠和孝是评判一个人道德水准的重要标准，包拯在这两个方面都严格遵循儒家道德的要求，成为当时和后世官员的典范。

守孝期满后，包拯曾担任过几任州县地方官。庆历三年（1043年），入京任殿中丞，后经御史中丞王拱辰举荐，于当年十一月被任命为监察御史里行，迅即改任监察御史，开启了在"纪检监察系统"的任职经历。后来包拯虽然也主政过地方、出使过辽国、管理过经济甚至军事工作，但任职时间较长、工作履历最突出的还是在"纪检监察系统"，民间流传最为广泛的故事的原型也主要是他在担任谏官和开封知府时所发生的。由于工作经历的特点和刚正不阿的性格，包拯撰写的公文不追求文字的华美，而是以解决问题为导向，务求高效、管用。皇祐二年（1050年），包拯被授天章阁待制、知谏院，负有向皇帝进谏和纠察百官过失之责。一年以后，包拯面对当时宋朝的吏治状况，以自己的监察工作经历作为基础，针对如何处理贪腐官员问题，给宋仁宗上疏《乞不用赃吏》，成为流传千古的反腐败宣言。

一、陈述现实背景，进行充分蓄势

一般来讲，文章开头要吸引人，要么引名言，要么讲故事，本文虽短，但两者兼具。不过，包拯并不是引用别人的话，而是自己写了一句名言："廉者，民之表也，贪者，民之贼也。"这样一句高度凝练的警句亮明了包拯的观点，奠定了整篇文章的基调，在这个总基调下，他开始以讲故事的语气来分析北宋当时的吏治状况。

包拯由于要处理大量的案卷和"举报信"，所以经常看到的就是各种官员违法乱纪的材料，这让他不禁感叹："今天下郡县至广，官吏至众，而赃污擿发，无日无之。""无日无之"这4个字极具冲击力，相信皇帝看后难免心头一紧。

既然贪官污吏这么多，他们是否得到了应有的惩罚呢？包拯紧接着给出了答案：没有。"或横贷以全其生，或推恩以除其衅，虽有重律，仅同空文，贪猥之徒，殊无畏惮。"这里就要提到宋朝优容士大夫的政治氛围了。宋太祖曾规定"不杀士大夫及言事者"，不仅不杀，而且待遇空前优裕。所以宋朝士大夫只要通过科举考试，甚至哪怕是通过恩荫谋得一官半职就算端上了一个铁饭碗，而且还嫌饭碗里的饭不够香，于是有一部分官员就开始琢磨如何通过贪污受贿来中饱私囊，仁宗一朝尤为宽容。既然贪赃的成本和代价不高，所以"虽有重律，仅同空文"，连法律的尊严都受到了挑战。短短几句话，已经把问题的严重性上升到了有法不依的高度，为后文的论述充分蓄势。

二、参照过往判例，增强法理依据

说话办事要找依据，公文尤其如此。贪污既然是古往今来一直存在的问题，那么古人特别是过往的明君处理贪官的做法就很具有参考价值。包拯在这里举了一远一近两个例子，用这两个例子把自己想要表达的观点表达出来，告诉皇帝这些做法不是我一个臣子的一孔之见，而是行之有效的做法。

第一个举的是汉朝的例子。在汉朝，一个官员如果贪赃枉法，那么"禁锢子孙，矧自犯之乎"。不仅自己要受到惩罚、永不录用，甚至他的子孙做官都要受到限制。这样一来，官员即便自己利令智昏，也要考虑到子孙后代的前途，当然会形成震慑。

第二个举的是宋太宗时的例子。如果说汉朝的例子距离当时已经时间久远，那么本朝的例子就更具有说服力。太宗朝有一些官僚犯了罪，判处他们到少府监服劳役，结果这几个人运气比较好，赶上了大赦。宋太宗考虑到这个情况就和身边的近臣说："这些人是因为贪污受贿犯罪的，既然遇上了大赦，把他们放回家听其自便是可以的，但是今后决不能再用这些人当官了。"对于这件事，包拯的评价是"其责贪残，慎名器如此！"，赞扬太宗的目的是提醒仁宗，应遵照执行"先朝令典"。

三、自然承接上文，提出意见建议

前文讲了宋朝当时的问题和过往的判例，目的是引出自己的观点。需要注意的是，前面两个例子都是包拯精心选择的，他想提的意见建议就蕴藏其中，这两个例子中的做法就是他所要陈述的观点，所以只要结合实际，把两个例子当中的措施作一总结，就可以形成自己的意见建议。

一是"今后应臣僚犯赃抵罪，不从轻贷，并依条施行"。这一条建议来自现实问题。前文说过，当时宋朝吏治最糟糕的问题已经不是贪污多发，而是即便因为贪赃犯了罪也会被宽恕，受不到惩罚，从而导致法律成了一纸空文。这不仅影响吏治，更是对宋朝法律制度的严重挑衅，今后一定要做到"依条施行"，根据法律条文来处罚贪官污吏。

二是那些因为贪赃而被惩处的赃吏"纵遇大赦，更不录用"。这一条建议来自宋太宗的判例。既然宋太宗在大赦期间对于贪污犯的处理方式是免服劳役但永不录用，那么以后也可以参照这个判例来办理，大赦只能赦免贪污犯的刑罚，入仕的资格将被永久取消。

三是"或所犯若轻者，只得授副使上佐"。这一条建议来自包拯对宋仁宗的了解。他知道仁宗是真仁，不是假仁，即便有些官员贪污受贿被揭发，仁宗也会以所犯较轻、不构成犯罪等理由来"帮"这些贪官污吏逃避处罚。对于这种情况，包拯也给出了解决方案，那就是他们即便要任职，也只能安排"副使上佐"，不能担任主要领导职务，以免他们掌握实权继续贪赃枉法。

建议提完了，最后包拯用一句话总结这些建议的效果。在他看来，如果做到了这三条，那么"廉吏知所劝，贪夫知所惧"，吏治能够得到改善，法律的威慑性和导向性也得到了彰显，最重要的是，有法不依、有法不遵的恶劣现象可以得到遏制甚至是杜绝，从这个角度讲，也捍卫了法律甚至是宋朝制度的尊严和权威。

纵观整篇奏疏，从开头的蓄势到中间的举例再到提出意见建议，逻辑连贯，道理通畅，可读性强，而且问题与判例和建议之间前后呼应，使得文章的结构更加严谨，可以说，是"写短文，说大事"的典范。

【原文】

乞不用赃吏疏
北宋·包拯

臣闻：廉者，民之表也，贪者，民之贼也。今天下郡县至广，官吏至众，而赃污擿①发，无日无之。洎②具案来上，或横贷以全其生，或推恩以除其衅，虽有重律，仅同空文，贪猥之徒，殊无畏惮。昔两汉以赃私致罪者，皆禁锢子孙，矧③自犯之乎！太宗朝，尝有臣僚数人犯罪，并配少府监隶役，及该赦宥，谓近臣曰："此辈既犯赃滥，只可放令逐便，不可复以官爵。"其责贪残，慎名器如此！皆先朝令典，固可遵行。欲乞今后应臣僚犯赃抵罪，不从轻贷，并依条施行，纵遇大赦，更不录用；或所犯若轻者，只得授副使上佐。如此，则廉吏知所劝，贪夫知所惧矣。（《包孝肃公奏议》）

---

① 擿，揭发。
② 洎，等到。
③ 矧，何况。

【名言警句】

〖廉者，民之表也，贪者，民之贼也。〗

〖廉吏知所劝，贪夫知所惧〗

要政策以筹钱

——北宋·苏轼《杭州乞度牒开西湖状》

2015年12月20日，习近平总书记在中央城市工作会议上讲道："宋代苏东坡上书疏浚西湖，提出西湖的五重价值。"苏轼的这个"上书"，就是《杭州乞度牒开西湖状》。

这是一份为了筹钱治理西湖，向朝廷要政策的奏书。据《宋史·苏轼传》记载，苏轼"（元祐）四年，积以论事，为当轴者所恨。轼恐不见容，请外，拜龙图阁学士、知杭州"。因为与朝廷"旧党"政见不和，苏轼自请调任杭州，此时他已54岁，距离第一次到杭州担任通判，已过去将近20年。而此次赴任杭州，苏轼发现与十六七年前相比，西湖因为疏于治理，已经逐渐葑积，堵塞过半。遇到雨季，湖水便会淤塞，流溢害田；到了干旱的时日，西湖的水面又会干涸，导致运河断水。淤塞使得西湖越来越小，这不仅严重影响西湖的生态，更影响百姓的生计。于是，苏轼在将近一年的走访调研之后，于元祐五年（1090年）上奏宋哲宗、太皇太后，提出并阐述了西湖"盖不可废"的5个理由，也就是西湖的5个重要价值，请求朝廷批准疏浚西湖。

在上书之前，苏轼对治理西湖作了周密设计，而要将这项工程推进下去，还面临一个最大的问题——缺钱。此时的北宋朝廷，财政不是那么宽裕，于是苏轼想到了一个办法，这就是"乞度牒"。

所谓度牒，就是僧人的"身份证"，拥有度牒的僧人是可以免除徭役、赋税的，是有特权的。从唐代开始，颁发度牒的权力收归中央政府，以控制僧人的数量，防止一些人为避税而出家。到了宋代，在继承唐代做法的基础上，又进一步将颁发度牒制度化，规定想出家的人可以通过考试获取度牒，也可以通过恩赏，同时，还可以花钱买。实际上，由中央政府公开售卖度牒以补贴财政不足，早在安史之乱后就已经开始。在宋代，通过考试和恩赏取得的度牒，上面是写着个人信息的，而用来出售的度牒则是空白、没有名字的，这样一来，度牒就有了类似于货币的功能，并且因为数量有限，还能保值增值。比如，宋神宗元丰年间（1078—1085年）出售的度牒，每道价格为130贯石，到了宋徽宗时期（1100—1126年），涨到了220贯石，再到南宋初年宋高宗时，每道500贯石，这只是公开的价格，民间炒作的价格就更高了，真正是"商贾富民，为之奔走"。

宋代朝廷对于度牒售卖的使用范围，也有明确规定：一是用来补贴国家财政；二是直接向地方官府发放度牒用作救灾和公共事务。比如，熙宁三年（1070年），两浙因水灾导致饥荒，宋神宗就下令"给度僧牒五百，付两浙转运司，分赐经水灾及民田薄收州军，招人纳米或钱，赈济饥民"。苏轼乞求朝廷发放度牒以疏浚西湖，就属于公共事务应用范畴。苏轼曾说，"度牒三百道，值钱五万余"，因而他在奏书里向朝廷要的这100道度牒，至少可以换钱万余贯石，足以使这项工程竣工。

苏轼的申请很快得到了朝廷的批准，于是筹到钱后，开掘葑滩、疏浚湖底，并用葑泥堆建成著名的"苏堤"，同时又在湖上建造小石塔，成了今天的"三潭印月"。

之所以如此顺利，关键在于这封奏书打动了当朝执政者。《杭州乞度牒开西湖状》在谨守奏议格式、平实畅达、论证有序的基础上，平中见奇，引人入胜，彰显着作者爱民心切的情怀，以及行文上寓情于理的风格。

一、突出事情的重要性

奏议相当于现代公文里的"请示"，虽然具体写法与现今有诸多不同，但原则基本一致：详于缘由、一文一事。《杭州乞度牒开西湖状》开篇以古鉴今，讲水利兴修与国运兴衰的关系，讲"杭州之有西湖，如人之有眉目，盖不可废也"，讲形势变迁，"更二十年，无西湖矣"，在整体上强调了疏浚西湖的重要性和紧迫性。

接下来，苏轼一口气写了5个让执政者无法拒绝的理由：一是放生祈福，西湖是皇家的放生池，现在放生池却越来越小，放生的"羽毛鳞介"都没有地方游泳。这是西湖的政治价值（现在看则是生态价值），在古人的观念里，放生祈福是与政权稳定联系在一起的，更何况当时的北宋朝廷主少国疑，太皇太后临朝听政，又经历了新法旧法的折腾，放生祈福、求得上天保佑，其价值不可谓不大。二是百姓饮水，西湖的水是杭州人民的饮用水，断了水，杭州人民又得喝又苦又咸的海水。这是西湖的民生价值。三是灌溉良田，杭州城周边大片的农田需要西湖水的灌溉，无水便饥荒，有水便皇恩浩荡。这是西湖的农业价值，而农为天下之本。四是足水助航，京杭大运河是南北运输大动脉，如果西湖不能给它续水，那么钱塘江的水就会趁机而入，泥沙滚滚，大运河很快就会堵塞。这是西湖的运输价值。五是酿酒课税，杭州美酒用的就是西湖水，如果没有了西湖，每年20万缗的酒税就收不上来。这是西湖的经济价值。

这 5 个理由的论述，均从正反两面来说，先论述疏浚西湖的益处，再进一层说若无西湖，非但失去众多利益，还会带来一系列危害。同时，整段运用排比，列举原因，均用"此西湖不可废者"的句式作为每一层意思的完结，以增强气势来加强说理。

二、突出方案的可行性

在讲完疏浚西湖的重要性之后，苏轼开始逐步亮明自己所请示的内容，主要就是突出一个意思：能做的都做好了，万事俱备，就差钱了。

先说已经干了什么。一是在充分调研的基础上作了细致规划，"辄已差官打量湖上葑田，计二十五万余丈，度用夫二十余万工"，就是做了测量工作，计划需要 20 余万人工才能完成这 25 万多丈的疏浚工程。二是已经在朝廷拨给的经费中，高价卖度牒，减价卖米，腾挪周转钱米约 1 万余贯石，"辄以此钱米募民开湖，度可得十万工"，就是用这笔钱招募饥民开湖，使救灾与疏浚西湖同时进行、并行不悖。三是这项工程已于本月二十八日，也就是上书之日的前一天开工。

再说核心诉求。开工后，百姓积极响应，感激涕零。面对民意如此，如果前功尽弃，则不仅西湖治理无望，更是伤了民心，"深可痛惜"。而要想完成工程，还需要再募 10 万人工，经费缺口大约 1 万贯石。怎么办？"若更得度牒百道，则一举募民除去净尽，不复遗患矣。"这就相当于向朝廷要了一个政策，提出了筹钱方案。到这里还不算完，政策要可执行、方案要具体化，还需给出明确的建议，不能把"具体怎么办"的难题甩给领导，也防止领导圈阅同意后，各有关方面推诿扯皮、不了了之。那这 100 道度牒从哪里出？苏轼建议，一是朝廷"别赐臣度牒五十道"，二是从之前赐给各州的200道度牒里再拨50道。

最后立"军令状",苏轼明确表示,自己将尽力毕志,半年之内,使"西湖复唐之旧,环三十里,际山为岸,则农民父老,与羽毛鳞介,同泳圣泽,无有穷已"。事实正如苏轼所说,钱到位后,疏浚西湖的工程果然在4个月内得以竣工。

三、"作文如行云流水"

苏轼的文学才情不用过多介绍,他曾自谓:"作文如行云流水,初无定质,但常行于所当行,止于不得不止。"这篇奏书不是苏轼的散文代表作,却是其奏议的名篇,从中可以体会其行文的风采、文字的力量。

比如,文章一开头并不是直接提出疏通西湖的请求,而是以西汉末年翟方进和三国时期孙皓的典型事例为引,说明"陂湖河渠之类,久废复开,事关兴运",这是从执政者的角度出发、从大局出发,自然引到对西湖历史变迁的论述上来。从唐代白居易"溉田千余亩",到五代十国"日夜开浚",到"国初以来,稍废不治",再到熙宁年间便是"湖之葑合,盖十二三耳",如今已"堙塞其半",到了不得不治理的程度,寥寥几句便展现了西湖的变迁史实。

再如,在描写杭州父老对西湖的担忧时说,"水浅葑合,如云翳空,倏忽便满,更二十年,无西湖矣",连用5个四字短句,短促有力,造成心惊之感,其中有白描、有比喻,形象生动,内涵丰富。苏轼还将西湖比作人的眉眼,眉目可传情,此处用抒情一笔,用精妙比喻,尽显其文人本色。他感叹道:"使杭州而无西湖,如人去其眉目,岂复为人乎?"联想到苏轼于熙宁年间所作《饮湖上初晴后雨》中的"欲把西湖比西子,淡妆浓抹总相宜",

可以想见，对于西湖他是以文人之欣赏赞美的情感来看待的，那又如何能忍受失去如此美景呢？

最后两个类似于补充性说明的贴黄：一个说的是眼下正是治理西湖的最佳时机，请求"早赐开允"；另一个好比附件，说的是工程细则将另有公文向门下、中书、尚书三省作请示。这样一来，既对正文作了补充，又没有喧宾夺主，避免正文过于枝蔓和累赘，使主线内容清晰舒爽，在办事流程上也照顾到了方方面面。

【原文】

杭州乞度牒开西湖状

北宋·苏轼

元祐五年四月二十九日，龙图阁学士左朝奉郎知杭州苏轼状奏。右臣闻天下所在陂湖河渠之利，废兴成毁，皆若有数。惟圣人在上，则兴利除害，易成而难废。昔西汉之末，翟方进为丞相，始决坏汝南鸿隙陂，父老怨之，歌曰："坏陂谁？翟子威。饭我豆食羹芋魁。反乎覆，陂当复。谁言者？两黄鹄。"盖民心之所欲，而托之天，以为有神下告我也。孙皓①时，吴郡上言，临平湖自汉末草秽壅塞，今忽开通，长老相传，此湖开，天下平，皓以为己瑞，已而晋武帝平吴。由此观之，陂湖河渠之类，久废复开，事

---

① 孙皓，孙权之孙，三国时期孙吴末代皇帝。东吴被西晋攻灭后，孙皓投降西晋。至此，魏、蜀、吴三国分立的局面彻底终结，晋王朝实现了全国统一。

关兴运。虽天道难知，而民心所欲，天必从之。

杭州之有西湖，如人之有眉目，盖不可废也。唐长庆中，白居易为刺史。方是时，湖溉田千余顷。及钱氏有国，置撩湖兵士千人，日夜开浚。自国初以来，稍废不治，水涸草生，渐成葑田①。熙宁中，臣通判本州，则湖之葑合，盖十二三耳。至今才十六七年之间，遂堙塞其半。父老皆言十年以来，水浅葑合，如云翳空，倏忽便满，更二十年，无西湖矣。使杭州而无西湖，如人去其眉目，岂复为人乎？

臣愚无知，窃谓西湖有不可废者五。天禧中，故相王钦若始奏以西湖为放生池，禁捕鱼鸟，为人主祈福。自是以来，每岁四月八日，郡人数万会于湖上，所活放羽毛鳞介以百万数，皆西北向稽首，仰祝千万岁寿。若一旦堙塞，使蛟龙鱼鳖同为涸辙之鲋，臣子坐观，亦何心哉！此西湖之不可废者，一也。杭之为州，本江海故地，水泉咸苦，居民零落，自唐李泌始引湖水作六井，然后民足于水，井邑日富，百万生聚，待此而后食。今湖狭水浅，六井渐坏，若二十年之后，尽为葑田，则举城之人，复饮咸苦，其势必自耗散。此西湖之不可废者，二也。白居易作《西湖石函记》云："放水溉田，每减一寸，可溉十五顷；每一伏时，可溉五十顷。若蓄泄及时，则濒河千顷，可无凶岁。"今岁不及千顷，而下湖数十里间，茭菱谷米，所获不赀。此西湖之不可废者，三也。西湖深阔，则运河可以取足于湖水。若湖水不足，则必取足于江潮。潮之所过，泥沙浑浊，一石五斗。不出三岁，辄调兵夫十余万工开浚，而河行市井中盖十余里，吏卒搔扰，泥水狼籍，为居民莫大之患。此西湖之不可废者，四也。天下酒税之盛，未有如杭者也，岁课二十余万缗。而水泉之用，仰给于湖，若湖渐浅狭，

---

① 葑田，指湖泽中葑菱积聚处，年久腐化变为泥土，水涸成田。

水不应沟，则当劳人远取山泉，岁不下二十万工。此西湖之不可废者，五也。

臣以侍从，出膺宠寄，目睹西湖有必废之渐，有五不可废之忧，岂得苟安岁月，不任其责。辄已差官打量湖上葑田，计二十五万余丈，度用夫二十余万工。

近者伏蒙皇帝陛下、太皇太后陛下以本路饥馑，特宽转运司上供额斛五十余万石，出粜常平米亦数十万石，约敕诸路，不取五谷力胜税钱，东南之民，所活不可胜计。今又特赐本路度牒三百，而杭独得百道。臣谨以圣意增价召入中，米减价出卖以济饥民，而增减耗折之余，尚得钱米约共一万余贯石。臣辄以此钱米募民开湖，度可得十万工。自今月二十八日兴工，农民父老，纵观太息，以谓二圣既捐利与民，活此一方，而又以其余弃，兴久废无穷之利，使数千人得食其力以度此凶岁，盖有泣下者。臣伏见民情如此，而钱米有限，所募未广，葑合之地，尚存大半，若来者不嗣，则前功复弃，深可痛惜。若更得度牒百道，则一举募民除去净尽，不复遗患矣。

伏望皇帝陛下、太皇太后陛下少赐详览，察臣所论西湖五不可废之状，利害较然，特出圣断，别赐臣度牒五十道，仍敕转运、提刑司，于前来所赐诸州度牒二百道内，契勘赈济支用不尽者，更拨五十道价钱与臣，通成一百道。使臣得尽力毕志，半年之间，目见西湖复唐之旧，环三十里，际山为岸，则农民父老，与羽毛鳞介，同泳圣泽，无有穷已。臣不胜大愿，谨录奏闻，伏候敕旨。

贴黄①。目下浙中梅雨，葑根浮动，易为除去。及六七月，大雨时行，利以杀草，芟夷蕴崇②，使不复滋蔓。又浙中农民皆言八

---

① 贴黄，宋大臣奏疏、札子皆用白纸书写，如意有未尽，以黄纸摘要另写，附在正文之后，叫作"贴黄"。
② 芟夷蕴崇，把野草集中起来除灭。

月断葑根,则死不复生。伏乞圣慈早赐开允,及此良时兴工,不胜幸甚。

又贴黄。本州自去年至今开浚运河,引西湖水灌注其中,今来开除葑田逐一利害。臣不敢一一烦渎天听,别具状申三省去讫。(《东坡全集》)

【名言警句】

〖陂湖河渠之类,久废复开,事关兴运。〗

〖杭州之有西湖,如人之有眉目,盖不可废也。〗

〖尽力毕志〗

心学大师写公文的思路

——明·王守仁《攻治盗贼二策疏》

如果问哪位明代思想家对后世影响最为深刻？恐怕只有一个答案：王阳明。作为心学的集大成者，王阳明把"知行合一""致良知"的学说发扬光大，打破了程朱理学"格物致知"的教条，充分肯定了人的主观能动性，为后世学人自我修炼和个人成长奠定了理论基础，在某种程度上起到了思想启蒙的作用。

王守仁，号阳明，家境富裕，其父王华是状元出身，最终官拜南京吏部尚书。按今天的标准看，王守仁既是官二代又是富二代，但他并不因生活优越而沉湎玩乐，而是从小就立志要做圣人。青年时代的王守仁特别留意哲学、历史、地理、军事知识，曾经单骑出关周游一月之久。甚至在新婚之夜，遇到道士打坐便请教修身之术，他与道士相对静坐，直到第二天岳父才把他找到。

弘治二年（1489年），王守仁在广信拜谒当时著名的理学家娄谅，娄谅向他讲授了朱熹"格物致知"的道理，王守仁以为找到了修养成圣人的法门，遍读朱熹著作，并在实践中探索"格物致知"的道理。有一次他希望通过"格"竹子来探求圣人之道，结果对着竹子"格"了七天，道理没悟出来，反倒把自己"格"出了一场大病。从此王守仁开始反思这种求诸于外的方式是否能够达到修炼成圣人的目的，并逐渐开始以求诸己、求诸内、求诸心的方式来进行自我修炼。

弘治十二年（1499年），28岁的王守仁考中二甲第七名进士，观政工部，进入仕途。正德元年（1506年），王守仁因上疏论救南京给事中御史戴铣等人，触怒了擅权宦官刘瑾，被杖四十，谪贬为贵州龙场驿驿丞。就是在龙场这个地方，王守仁悟到"圣人之道，吾性自足"，史称"龙场悟道"。此后，王守仁设坛讲学，在学术上臻入化境，人生转机也悄然而至。

正德四年（1509年），王守仁复官庐陵县知县。第二年刘瑾倒台，王守仁升任南京刑部主事。正德六年（1511年）王守仁被召入京，开始在吏部任职。正德十一年（1516年），在兵部尚书王琼的推荐下，王守仁被擢为都察院左佥都御史，巡抚南（安）、赣（州）、汀（州）、漳（州）等地，开启了他剿贼平叛的功业。在剿匪过程中，王守仁认为"灭山中贼易，灭心中贼难"，剿灭了山中的土匪，只是剿匪的第一步，最关键的是要通过教化，消灭心中妄念，让人没有做贼的想法。

正德十二年（1517年），王守仁在手中几乎无兵可用的窘境之下平定了宁王朱宸濠叛乱，成就了毕生功业，也因此在正德十六年（1521年）被封"新建伯"。其后的几年，王守仁在守孝和讲学当中度过，"王学"也在此时发扬光大。

嘉靖六年（1527年），朝廷下诏任命王守仁为两广总督，赴广西平叛。出发前，他在天泉桥留下了著名的心学四句教："无善无恶心之体，有善有恶意之动，知善知恶是良知，为善去恶是格物。"

王守仁到达广西后，当地不少山贼土匪闻其名便纷纷投降，他还利用土匪打土匪，在断藤峡将当地土匪剿灭，而自己也身染肺病，乞求告老还乡。未等朝廷批复，王守仁就急忙忙踏上归乡之途，船到江西，王守仁病逝，临终留下8个字的遗言："此心光明，亦复何言！"

《攻治盗贼二策疏》是王守仁到任南赣巡抚不久，面对周边蜂起的盗贼，根据当时的情况，给朝廷提出自己建议的上疏。

一、反复铺垫，凸显问题之复杂

奏疏一开始，王守仁先是用了大量篇幅转录了4份不同地区、不同级别官员的"匪情汇报"，林林总总、不厌其烦，主要讲了三个问题：

一是这些土匪流窜很广。看看这4位呈报材料的官员，就不难发现王守仁要面对的土匪主要来自哪些地区了。第一份来自江西按察司整饬兵备带管分巡岭北道副使杨璋，他呈报的主要是江西的匪情，而其中最难剿灭的是江西、湖南、广东三省交界的土匪，其中特别提到了这些匪徒汇集的巢穴广东乐昌。所以第二份呈报材料就来自广东乐昌县知县李增，主要汇报了乐昌县的匪情。第三份来自湖广整饬郴桂等处兵备副使陈璧，汇报的主要是郴州、桂阳等地的匪情，但也提到了这些土匪的巢穴同样在广东乐昌。第四份奏报来自湖南桂阳知县，详细汇报了土匪在桂阳行凶的情况。我们把这几份奏报联在一起，就不难发现，王守仁面对的土匪，横跨江西、广东、湖广，而且是流窜作战，"巢穴相联盘据，流劫三省，为害多年"。这样的土匪，单独动员哪个省的兵力去围剿，他们也总能打开缺口跑到其他省份，如果不能调集三省资源一起会剿，就很难真正将其剿灭。

二是这些土匪数目庞大。从江西到广东再到湖广，正是连绵逶迤的南岭山脉，土匪可以凭借地势躲避官军的追捕，还可以靠山吃山、长期安营扎寨。最重要的是，大山深处，长期远离王化，山民根本不懂得什么是忠孝，极容易被煽动加入土匪的队伍，使得当地匪患连年不绝。那么在王守仁巡抚南赣的时候，当地的土匪发展到了什么地步呢？仅看江西，"南安府所属大庾、南康、上犹三县，除贼巢小者未计，其大者总计三十余处……所统贼众约有八千余徒"，赣州所属的龙南县，也有匪徒5000余人。要知道，这仅仅是江西的几个县而已，广东和湖广的匪徒不会比这里少，总的加在一起可能比官军的人数还多。如此众多的匪徒，分布在跨越三省的深山之中，其剿灭的难度可想而知。

三是这些土匪行为凶残。他们居住在深山，不事耕稼，财产来源主要是劫掠，不仅劫财，还劫人。比如，"据南安府申大庾县报，正德十二年（1517年）四月内，被畲贼四百余人前来打破下南等寨，续被上犹、横水等贼七百余徒截路打寨，劫杀居民。又据南康县报，畲贼一伙突来龙句保房劫居民；续被畲贼三百余徒突来坊民郭加琼等家，掳捉男妇八十余口，耕牛一百余头。又有畲贼一阵掳劫上长龙乡耕牛三百余头，男妇子女不知其数"。再如，（正德十一年）"正月十六日，一起八百余徒出劫乐昌县，虏捉知县韩宗尧，劫库劫狱；又一起七百余徒，打劫生员谭明浩家；一起六百余徒，从老虎等峒出劫；一起五百余徒，从兴宁等县出劫"。这些土匪打家劫舍无恶不作，可想而知当地百姓的生活时时处在土匪的威胁之下，惶惶不可终日，甚至连乐昌知县都被土匪抓走，简直就是赤裸裸地向大明朝廷挑衅了。

二、分析原因，指出问题难在哪里

面对如此嚣张的土匪，官军并不是无动于衷，已经剿抚并用，和土匪打了多年交道，那么为什么始终解决不了问题呢？

先来看围剿。以龙南的土匪为例，官军"已经夹攻三次，俱被漏网"。原因也很简单，因为他们不是老老实实地待在龙南等官军来打，而是"不时越境流劫信丰、龙南、安远等县"。你在这个县围剿，我跑到那个县；你在这个省围剿，我跑到那个省。土匪可以在几个省之间不断流窜，而官军都是地方军队，再加上当时"湖广已有偏桥苗贼之征，广东又有府江瑶僮之伐"，湖广和广东的军队自顾不暇，哪会帮着江西围剿土匪呢？

既然打不着，那能不能招安呢？实践证明也行不通，比如"正德七年，兵备衙门计将贼首龚福全招抚，给与冠带，设为瑶官；贼首高仲仁、李宾、黎稳、梁景聪、扶道全、刘付兴、李玉景、陈宾、李聪、曹永通、谢志珊，给与巾衣，设为老人。未及两月，已出要路劫杀军民。动辄百千余徒，号称高快马、'游山虎'、'金钱豹'、'过天星'、'密地蜂'、'总兵'等名目，随处流劫。正德十一年七月内，龚福全张打旗号，僭称'廷溪王'，李宾、李稳、梁景聪僭称'总兵都督将军'名目，各穿大红，虏民抬轿，展打凉伞，摆列头踏响器；其余瑶贼，俱乘马匹。千数余徒，出劫乐昌及江西南康等县，拒敌官军"。要知道这些土匪是不讲忠孝仁义的，接受招安不过是为了要待遇，如果接受招安的收益高于抢劫，他们就接受招安；如果接受招安的收益低于抢劫，那他们二话不说就会重操旧业。而且接受过招安的土匪别的没学会，学会了官僚体系设计，等他们再造反的时候，就开始自己给自己封官许愿了，这个时候这已经不是一伙"单纯"的土匪了。

由此可见，剿抚并用也不能解决问题，根源是什么呢？根源就在于各省不能齐心协力调动兵力和各方资源合力围剿，所以给了土匪四处流窜的生存空间和自由选择招安与反叛的权利，主动权都在土匪手里，这仗还怎么打？

三、引导思路，解决问题怎么办

王守仁认为，这些土匪"恶贯已盈，神怒人怨。譬之疽痈之在人身，若不速加攻治，必至溃肺决肠"。打是肯定要打的，只不过有两种打法，供朝廷选择。

方案一：授予自己赏罚重权，而且不要限定日期，以好好练兵、相机而动，"一寨可攻则攻一寨，一巢可扑则扑一巢；量其罪恶之浅深而为抚剿，度其事势之缓急以为后先"。这样看上去可能有点慢，但"可以省供馈之费，无征调之扰；日剪月削，使之渐尽灰灭"。既省钱，又省力，关键是对社会的影响和损害比较小，就像给小孩子拔牙，一点一点地摇动，牙齿掉了，小孩子也不觉得疼。

方案二：征调各省官军，"四路并进，一鼓成擒"，看上去"数十年之大患可除，千万人之积怨可雪"，但稍微算一算这个账，就知道这仗没法打。因为要实现对敌人的包围，至少需要5倍于敌的兵力，当地的土匪保守估计也有2万，要包围这2万土匪就需要10万官军，且不说明朝当时能不能调集10万官军，就算调过来了，军费开支朝廷就吃不消，"且狼兵所过，不减于盗；转输之苦，重困于民"。还用拔牙作比喻的话，这样剿匪就好比硬拔，把牙拔掉的同时，小孩子可能也疼死了，所以这样的方案自己执行不了。

两个方案是有引导性的，但凡有理智的皇帝都会选择方案一，因为两相对比，利弊得失太过明显。把错误答案或者较差方案一并摆出来，让领导在两个方案里作选择，而不是在一个方案里挑毛病，引导其跟着正确思路走，这是一种智慧，也是一种技巧。当朝兵部尚书王琼是个明白人，上奏支持王守仁。最终朝廷赐予王守仁旗牌，给了他便宜行事的权力，而王守仁也没有辜负朝廷的信任，用了不到一年的时间，带领着一些书生和非主力部队相继剿灭了盘踞在南岭之中的多路匪徒，平定了南赣。紧接着，王守仁又颁布文告，兴办学校，制定《南赣乡约》，对山区居民特别是畲族居民开展教化，一旦文明之风吹进南赣的大山里，野蛮和邪恶也就没有了滋生的土壤，困扰当地百姓和明朝政府多年的匪患在根本上得到了解决，文化的光芒也照进了千百年来都被视为蛮夷之地的南岭山区。

【原文】

攻治盗贼二策疏

明·王守仁

据江西按察司整饬兵备带管分巡岭北道副使杨璋呈奉臣批："据南安府申大庾县报，正德十二年四月内，被畲贼四百余人前来打破下南等寨，续被上犹、横水等贼七百余徒截路打寨，劫杀居民。又据南康县报，畲贼一伙突来龙句保房劫居民；续被畲贼三百余徒突来坊民郭加琼等家，掳捉男妇八十余口，耕牛一百余头。又有畲贼一阵掳劫上长龙乡耕牛三百余头，男妇子女不知其数。又掳上犹县申，被横水等村畲贼纠同逃民，四散房劫人财。续据三门总甲萧俊报，畲贼与逃民约有数百，在于地名梁滩房牵人牛。本月十六日，准本县捕盗主簿利昱牒报，畲贼劫打头里、茶坑等处，驻扎未散，已关统兵官县丞舒富等前去追剿，贼已退回横水等巢去讫。各申本院，批兵备道议处回报。案照四月初五日据南康府呈同前事，彼时本院见在福建漳州督兵未回，未知前贼向往，行查未报。续据龙南县禀，广东浰头等处强贼池大鬓等三千余徒，突来攻围总甲王受寨所，又经会委义官萧承调兵前去会剿。随据本县呈，前贼退去讫等因。又查得先据南康县申呈上犹贼首谢志珊纠合广东贼首高快马，统众二千余徒，攻围南康县治，杀损官兵。已经议委知府邢旬等查勘失事缘由呈报外，续该兵部题咨："巡抚都御史孙燧会同南赣都御史王守仁，将前项贼犯谢志珊等，量调官军，设法剿捕，务期尽绝。应该会同两广镇巡官行事，照例约会施行。题奉钦依。"转行查勘前贼见今有无出没及曾否集有兵粮，相度机宜，即今可否剿捕。惟复应会两广调集军马，待时而动，务要查议明白，处置停当，具由呈报。仍督各该地方牢固把截，用心防守，以备不虞等因。随奉本院案验，议照前贼连络三省，盘据千里，必须三省之兵克期并进，庶可成功。但今湖广已有偏桥苗贼之征，广东又有府江瑶僮之伐，虽欲约会夹攻，目今已是春深，雨水连绵，草木茂盛，非惟缓不及事，抑且虚縻①粮饷。合无一面募兵练武，防守愈严，积谷贮粮，军需大备；告招者抚顺其情，暂且招安；肆恶者乘其间隙，量捣其穴。候三省约会停当，然后大举，庶有备无患，事出万全。通行呈详去后，今奉前因，随会同分守左参议黄宏、守备都指挥同知王泰，查勘得南安府所属大庾、南康、上犹三县，除贼巢小者未计，其大者总计三十余处，有名大贼首有谢志珊、志海、志全、杨积荣、赖文英、蓝瑶、陈曰能、蔡积昌、赖文聪、刘通、刘受、萧居谟、陈尹诚、简永广、蔡积庆、蔡西、薛文高、洪祥、徐华、张祥、刘清才、谭曰真、苏景祥、蓝清奇、朱积厚、黄金瑞、蓝天凤、蓝

---

① 虚縻，指白白地损耗、浪费。

文亨、钟鸣、钟法官、王行、雷明聪、唐洪、刘元满,所统贼众约有八千余徒,且与湖广之桂阳、桂东、鱼黄、聂水、老虎、神仙、秀才等巢,广东之乐昌,巢穴相联盘据,流劫三省,为害多年。赣州之龙南,因与广东之龙川、浰头贼巢接境,被贼首池大鬓、大安、大升纠合龙南贼首黄秀魁、赖振禄、锺万光、王金巢、锺万贵、古兴凤、陈伦、锺万璇、杜思碧、孙福荣、黄万珊、黄秀玨、罗积善、王金、曾子奈、王金奈、王洪、罗凤璇、黎用璇、黄本瑞、郑文钺、陈秀玄、陈圭、刘经、蓝斌、黄积秀等,所统贼众约有五千余徒,不时越境流劫信丰、龙南、安远等县。已经夹攻三次,俱被漏网。所据前贼,占据居民田土数千万顷,杀虏人民,尤难数计。攻围城池,敌杀官兵,焚烧屋庐,奸污妻女;其为荼毒,有不忍言。神人之所共怒,天讨所当必加者也。今闻广、湖二省用兵将毕,夹攻之举,亦惟其时,但深山茂林,东奔西窜,兼之本道兵粮寡弱,必须那借①京库折银三万余两,动调狼兵数千前来协力,约会三省并进夹攻,庶可噍类无遗②"等因。

又据广东乐昌县知县李增禀称,本年二月内,有东山贼首高快马等八百余徒,在地名柜头村行劫。又据乳源县禀报,贼徒千余在洲头街等处打劫,备申照详。

及据湖广整饬郴桂等处兵备副使陈璧呈称:"本年二月内,据黄砂保走报,广东强贼三百余徒突出攻劫。又据宜章所飞报,乐昌县山峒苗贼二千余众出到九阳等处搜山捉人,未散;又报东西二山首贼发票会集四千余徒,声言要出桂阳等处攻城。又报江西长流等峒畬贼六百余徒,又一起四百余徒,各出劫掠。及据桂东县申报,强贼一起七百余徒,前到本县杀人祭旗,捉掳男妇,未散。又据桂阳县报,强贼六百余徒,声言要来攻寨等因,各禀报

---

① 那借,意指挪移借贷。
② 噍类无遗,意指没有剩下活人。

到道。看得前项苗贼四山会集，报到之数将及万余。我兵寡弱，防守尚且不足，敌战将何以支！况郴桂所属永兴等县，原无城池，防守地方重计，实难为处。伏望轸念荼毒，请军追捕"等因。

又据郴州桂阳县申："本县四面，俱系贼巢。正德三年以来，贼首龚福全等作耗，杀死守备都指挥邓旻；虽蒙征剿，恶党犹存。正德七年，兵备衙门计将贼首龚福全招抚，给与冠带，设为瑶官；贼首高仲仁、李宾、黎稳、梁景聪、扶道全、刘付兴、李玉景、陈宾、李聪、曹永通、谢志珊，给与巾衣，设为老人。未及两月，已出要路劫杀军民。动辄百千余徒，号称高快马、'游山虎'、'金钱豹'、'过天星'、'密地蜂'、'总兵'等名目，随处流劫。正德十一年七月内，龚福全张打旗号，僭称'廷溪王'，李宾、李稳、梁景聪僭称'总兵都督将军'名目，各穿大红，房民抬轿，展打凉伞，摆列头踏响器；其余瑶贼，俱乘马匹。千数余徒，出劫乐昌及江西南康等县，拒敌官军。后蒙抚谕，将贼首高仲仁、李宾给与冠带，重设瑶官。未宁半月，仍前出劫。本年正月十六日，一起八百余徒出劫乐昌县，虏捉知县韩宗尧，劫库劫狱；又一起七百余徒，打劫生员谭明浩家；一起六百余徒，从老虎等峒出劫；一起五百余徒，从兴宁等县出劫。切思前贼阳从阴背，随抚随叛。目今瑶贼万余，聚集山峒，声言要造吕公大车，攻打州县城池。官民彷徨，呈乞转达，请调三省官军来剿"等情，各备申到臣。

除备行江西、广东、湖广三省该道守巡兵备守备等官严督各该府州县所掌印巡捕巡把隘提备等官，起集兵快人等，加谨防御，相机截捕去后，查得先因地方盗贼日炽，民被荼毒。窃计兵力寡弱，既不足以防遏贼势，事权轻挠，复不足以齐一人心。乞要申明赏罚，假臣等令旗令牌，使得便宜行事，庶几举动如意，而事功可成。已经具题间，今复据各呈申前因，臣等参看得前项贼徒，恶贯已盈，神怒人怨。譬之疽瘫之在人身，若不速加攻治，必至溃肺决肠。

然而攻治之方亦有二说。若陛下假臣等以赏罚重权，使得便宜行事，期于成功，不限以时，则兵众既练，号令既明，人知激励，事无掣肘，可以伸缩自由，相机而动；一寨可攻则攻一寨，一巢可扑则扑一巢；量其罪恶之浅深而为抚剿，度其事势之缓急以为后先。如此亦可以省供馈之费，无征调之扰；日剪月削，使之渐尽灰灭。此则如昔人拔齿之喻，日渐动摇，齿投而儿不觉者也。然而今此下民之情，莫不欲大举夹功，以快一朝之忿，盖其怨恨所激，不复计虑其他。必须南调两广之狼达，西调湖湘之土兵，四路并进，一鼓成擒，庶几数十年之大患可除，千万人之积怨可雪。然此以兵法"十围五攻①"之例，计贼二万，须兵十万，日费千金。殆于道路不得操事者七十万家，积粟料财，数月而事始集；刻期举谋，又数月而兵始交；声迹彰闻，贼强者设险以拒敌，黠者挟类而深逃，迫于锋刃所加，不过老弱胁从。且狼兵所过，不减于盗；转输之苦，重困于民。近年以来，江西有姚源之役，疮痍甫起；福建有汀漳之寇，军旅未旋；府江之师方集于两广，偏桥之讨未息于湖湘。兼之杼柚②已轻，种不入土；而营建所输，四征未已；诛求之刻，百出方新。若复加以大兵，民将何以堪命？此则一拨去齿而儿亦随毙者也。夫由前之说，则如臣之昧劣，实惧不足以堪事，必择能者任之而后可。若大举夹攻，诚可以分咎而薄责，然臣不敢以身谋而废国议。惟陛下择其可否，断而行之。缘系地方紧急贼情事理，为此具本请旨。(《王文成公文集》)

---

① 十围五攻，意思是兵力超过敌人十倍就可以包围它，超过五倍就可以攻击它。出自《孙子·谋攻》："故用兵之法，十则围之，五则攻之。"
② 杼柚，指织布机上的两个部件，即用来持纬（横线）的梭子和用来承经（直线）的筘，代指织机，亦借指工商之事。

【名言警句】

〖譬之疽癰之在人身，若不速加攻治，必至溃肺决肠。〗

〖度其事势之缓急以为后先〗

规划建议类

- **秦·李斯**
  《谏逐客书》
- **隋·李谔**
  《上隋文帝革文华书》
- **唐·魏徵**
  《十渐不克终疏》
- **唐·柳宗元**
  《驳复仇议》
- **元·郝经**
  《便宜新政》
- **明·张居正**
  《请稽查章奏随事考成以修实政疏》

存公心，陈利害

——秦·李斯《谏逐客书》

有人说，世界上有两件事情最难：一件是把别人的钱装进自己口袋，另一件是把自己的思想装进别人的脑袋。让别人接受自己的思想很难，纠正别人的思想更难，上意见书、纠正上级的思想更是难上加难。但秦国的李斯做到了。他用一纸短短的文章，不仅改变了秦王的想法，使其撤回了已发出的法令，而且后来还官至丞相。此文便是著名的《谏逐客书》。

《谏逐客书》上书于秦嬴政十年（前237年），距离秦一统天下尚有16年。据《史记》记载，秦为统一天下，广揽人才。韩国于是趁此机，派水工郑国赴秦修建工程浩大的灌溉渠，欲以浩繁工程消耗秦国的财力，使其短时间内无法东顾对韩国用兵。此"疲秦"之计被秦人发觉后，秦国宗室大做文章，皆言秦王"诸侯人来事秦者，大抵为其主游间于秦耳"，建议秦王"请一切逐客"，下《逐客令》，将东方六国在秦为官的客卿统统赶走。

秦国作出逐客的决定，是秦国国内两股政治势力斗争的结果。秦国广招天下人才，任用客卿，各国人才逐渐在秦国朝堂坐大，对秦国旧贵族掌握的权力构成威胁。于是秦国旧贵族利用这起间谍事件大做文章，企图将六国事秦之官全部驱逐，恢复秦国贵族掌握权力的局面。

　　李斯此时大约已来秦10年，依《逐客令》也在被驱逐之列。李斯是楚国上蔡人，早年为郡中小吏，与韩非皆从师于荀子，学"帝王之术"，多智谋，善文辞。后离楚入秦，被吕不韦任为郎官。曾以"灭诸侯、成帝业"劝说秦王嬴政，被任为长史。但当时秦国大权都在吕不韦和嫪毐手中，秦王并无实权，是李斯帮助秦王铲除了嫪毐和吕不韦两股势力而收回权力，成为秦王身边炙手可热的人物。对李斯而言，人生的上升渠道刚打开不久，可突然之间就要因为自己是楚国人，被迫放弃在秦国奋斗得来的一切，人生归零。对秦国而言，统一中国的历史进程已然开启，《逐客令》的施行无疑将延滞或阻碍这一进程。此时的李斯已经行至途中，悲愤之余乃作《谏逐客书》，进行奋力一搏。

一、开门见山讲分寸

　　《谏逐客书》开门见山，"臣闻吏议逐客，窃以为过矣"，直接反对秦王已颁之令，尽显锋芒。当然，李斯的聪明之处，就在于言辞之中为秦王留足了面子，为政令更改留足了余地。比如，明明已被革除官职，仍自称"臣"；明明已经身在被逐途中，却仍说"闻"；明明是秦王已颁之令，却将责任推给了"吏"；明明政令已经广为施行，却还说"议"；明明是上书反对，却谦称"窃以为"。短短一句话，一共11个字，可是为了说出最关键的"过"字，作了多少铺垫？脑子转了多少个弯？可见虽然公文一般讲究开门见山，但是"开门"的方式也大有不同。门开得急，不免有压迫之感；门开得慢，拖沓之意则增；只有把门开得恰到好处，见山不觉突兀，才能让读者产生"观山"之愿，甚至产生"登山"之想。正所谓"纸上之功，大有深浅"。

二、动之以情摆事实

从"昔穆公求士"开始，李斯围绕"客何负于秦哉"大篇幅列举历史事实。在实例的选择上，读者看来自然而然，但是李斯在看似不假思索间却也大有深意。比如，选用的实例都是秦国自己的。这是一篇劝谏文，劝谏的对象是秦王，向秦王提出建议的是秦国的旧贵族。李斯的这篇《谏逐客书》到了秦王手中，秦王也一定会征求旧贵族的意见。《管子·五辅》曾言"远不间亲，新不间旧"。与世代事秦的旧贵族相比，李斯自然是"远"者、"新"者。所以在行文的时候，必须考虑到第一读者：秦王；也必须兼顾影子读者：旧贵族。因此，就不宜选用寓言神话来证明观点，也不宜选用别国的事例来作为支撑。这里，李斯巧妙地请出春秋五霸之一的秦穆公、任用商鞅变法的秦孝公、以连横破合纵的秦惠文王、蚕食诸侯的秦昭襄王为自己站台撑腰。

这样做的好处有三：第一，这些都是秦国的光荣历史，也是秦国王室与旧贵族的共同记忆和荣光，听到李斯这样夸自己先辈的成就，秦王不会直接驳回，旧贵族也会耐着性子，虽然他们知道李斯一定"不怀好意"想推翻自己的决策和建议。第二，秦国成长壮大的这些历史，是由王室和旧贵族共同创造的，就连旧贵族自己也不能否认，历史上的那些客卿，经过家族上百年的繁衍、联姻，已经与自己融为一体，一荣俱荣、一损俱损，只能硬着头皮点头认可。第三，引用的实例跨越400余年，想让初登大位不久、刚刚掌握实权的秦王收回成命，想让对客卿嫉妒排斥的旧贵族以国为重，只能用长时段历史形成的强大压迫力量。当然，这也是帮秦王和旧贵族找回颜面，也许李斯没写出的话是："没事，你们不是政令反复，而是继承先祖遗志，不丢人！"

从"今陛下致昆山之玉"开始讲现实。毕竟久远的历史都是口口相传、书中记载，阅读此文的秦王和背后的旧贵族大多没有亲身感受。这就需要再加一把火，用他们能亲身感知的事情来说服他们。比如，秦王已经拥有的"昆山之玉""随、和之宝"等，都非秦国所产。如果非要追求必须是秦国原产，那么其他国家的珠宝、良驹、美女、音乐等是否要一起舍弃呢？如果舍不得抛弃这些"快意当前"的事物，那么于国所重的人才又怎么能逐出呢？

三、晓之以理出结论

在实施了历史实例铺垫、现实感受冲击后，从"臣闻地广者粟多，国大者人众，兵强则士勇"开始，李斯准备讲道理了，将前面所有的事实陈述进行理论升华。相信当秦王看到"是以泰山不让土壤，故能成其大；河海不择细流，故能就其深"的时候，也就不能再拒绝李斯，只好"愉快"地收回《逐客令》了。为什么说秦王可能是"愉快"地收回呢？作为秦王心腹的李斯，在秦王身边多年，应该早就揣摩出秦王的利益与旧贵族的利益并不完全重合，某种程度上也是不得已出此政令，所以李斯才会用"此五帝、三王之所以无敌也"来再一次激发秦王一统天下的雄心壮志。

最后，李斯又从反面推理《逐客令》执行的后果，必然是"逐客以资敌国""损民以益仇"，最终的结果也必然是"求国无危，不可得也"。可以想象，当秦王把《谏逐客书》交给提议逐客的旧贵族时，旧贵族也不得不在国家利益面前低头。

南朝梁文学大家刘勰在《文心雕龙》中曾评论："李斯之止逐客，并顺情入机，动言中务，虽批逆鳞，而功成计合，此上书之善说也。"正因为"顺情入机，动言中务"，由古至今、由事入理，剖明利害，《谏逐客书》的说服力才强。也正因为始终站在秦王的角度，围绕秦王的关切，顺着秦王的感情，思考秦王最关心的统一六国这个最重要的战略问题，《谏逐客书》才在一个历史关键时刻，解决了一个关系重大的战略问题，推动历史的航船转向正确的航道，也让李斯个人的命运踏上了历史的进程。

四、"公"字当前

《谏逐客书》上，《逐客令》收。李斯进一步受到秦王赏识和重用，被拜为廷尉，辅佐始皇帝成就帝业，在秦灭六国中发挥了重要作用。秦统一天下后，李斯也官至丞相，位极人臣。但令人唏嘘的是，始皇帝遽亡，宦官赵高利诱李斯，合谋伪造遗诏，令太子扶苏自尽，赐死边关重将蒙恬，拥立秦二世。后赵高为独揽朝政，诬告李斯谋反，将其送进大狱。李斯接连给秦二世写了好几封陈情信，但这些书信全被赵高拦了下来，秦二世一封都没有看到。前208年，秦国一统天下13年后，李斯被腰斩于咸阳，并夷三族。

回顾李斯一生，因文获用，又因文灭族。《谏逐客书》助他青云直上，伪造遗诏令他万劫不复。或许责任并非在"文"，而在于他注入文中的是"公"还是"私"。

前人之鉴，以启后来。拟公文者，自当以笔为刀，顶天立地，将"公"字贯穿其间。拟公文时，切记一字千钧！切记万勿徇私！"公文"当前，可不敬乎？可不慎乎？

【原文】

谏逐客书
秦·李斯

臣闻吏议逐客,窃以为过矣。昔穆公求士,西取由余于戎,东得百里奚于宛,迎蹇叔于宋,求丕豹、公孙支于晋。此五子者,不产于秦,而穆公用之,并国二十,遂霸西戎。孝公用商鞅之法,移风易俗,民以殷盛,国以富强,百姓乐用,诸侯亲服,获楚、魏之师,举地千里,至今治强。惠王用张仪之计,拔三川之地,西并巴、蜀,北收上郡,南取汉中,包九夷,制鄢、郢,东据成皋之险,割膏腴之壤,遂散六国之从,使之西面事秦,功施到今。昭王得范雎,废穰侯,逐华阳,强公室,杜私门,蚕食诸侯,使秦成帝业。此四君①者,皆以客之功。由此观之,客何负于秦哉!向使四君却客而不内,疏士而不用,是使国无富利之实,而秦无强大之名也。

今陛下致昆山之玉,有随、和之宝②,垂明月之珠,服太阿③之剑,乘纤离④之马,建翠凤之旗,树灵鼍之鼓。此数宝者,秦不生一焉,而陛下说之,何也?必秦国之所生然后可,则是夜光之璧不饰朝廷,犀象之器不为玩好,郑、魏之女不充后宫,而骏

---

① 四君,指上述重用各国人才而成就功业的秦穆公、秦孝公、秦惠文王、秦昭襄王。
② 随、和之宝,指所谓"随侯珠"和"和氏璧",传说中春秋时随侯所得的夜明珠和楚人卞和所得的美玉。
③ 太阿,宝剑名,相传是春秋时吴国名匠干将和欧冶子合铸之剑。
④ 纤离,古骏马名。

良驵骏①不实外厩，江南金锡不为用，西蜀丹青不为采。所以饰后宫、充下陈、娱心意、说耳目者，必出于秦然后可，则是宛珠之簪，傅玑之珥，阿缟之衣，锦绣之饰不进于前，而随俗雅化②、佳冶窈窕赵女不立于侧也。夫击瓮叩缶，弹筝搏髀，而歌呼呜呜、快耳目者，真秦之声也；郑、卫、桑间、《昭》《虞》《武》《象》者，异国之乐也。今弃击瓮叩缶而就《郑》《卫》，退弹筝而取《昭》《虞》，若是者何也？快意当前，适观而已矣。今取人则不然，不问可否，不论曲直，非秦者去，为客者逐。然则是所重者在乎色乐珠玉，而所轻者在乎人民也。此非所以跨海内、制诸侯之术也。

臣闻地广者粟多，国大者人众，兵强则士勇。是以泰山不让土壤，故能成其大；河海不择细流，故能就其深；王者不却众庶，故能明其德。是以地无四方，民无异国，四时充美，鬼神降福，此五帝、三王之所以无敌也。今乃弃黔首以资敌国，却宾客以业诸侯，使天下之士退而不敢西向，裹足不入秦，此所谓"藉寇兵而赍盗粮"③者也。

夫物不产于秦，可宝者多；士不产于秦，而愿忠者众。今逐客以资敌国，损民以益仇，内自虚而外树怨于诸侯，求国无危，不可得也。（《史记·李斯列传》）

【名言警句】

〖是以泰山不让土壤，故能成其大；河海不择细流，故能就其深；王者不却众庶，故能明其德。〗

---

① 驵骏，指骏马。
② 随俗雅化，指闲雅变化而能通俗。
③ "藉寇兵而赍盗粮"，即"借寇兵，赍盗粮"，指把武器借给了贼兵，把粮食送给了盗匪。比喻帮助自己的敌人增强力量。出自《荀子·大略》："非其人而教之，赍盗粮，借贼兵也。"

讲问题，不空谈

——隋·李谔《上隋文帝革文华书》

李谔是隋朝开国功臣，在北周为官时与杨坚交好，曾反复劝其留在朝堂。杨坚建立隋朝后，一次对群臣说："朕昔为大司马，每求外职，李谔陈十二策，苦劝不许，朕遂决意在内。今此事业，谔之力也。"

李谔其人"明达世务"，所写的公文总能对着问题去，并提出明确的建议对策，因而"命中率"很高，有很多转化成当朝的政策。比如，在北周时，针对兵革屡动、国用虚耗所写的《重谷论》，"高祖深纳之"；隋朝建国，对于公卿死亡后，子孙就将其爱妾侍婢嫁出卖掉的不良风俗，李谔的上书得到隋文帝嘉奖，从此明文规定五品以上官员的妻妾不许改嫁。

《上隋文帝革文华书》是李谔所写的呼吁文风改革的奏书，在古代公文史上具有划时代的意义。通观历代以来的成形公文，就文风来说，从秦汉时期讲求内容与形式的统一、文采与朴实的适配，到发肇于东汉、盛行于魏晋南北朝的重形式、轻内容的骈文，再到中晚唐以来逐渐兴起的古文运动，提倡古文、反对骈文，公文文风的转折变化大体呈马鞍形走向。在这个走向中，《上隋文帝革文华书》是魏晋以来发出的抨击骈文的一记响亮炮声，可以看作古文运动这一改革的先声。

骈文华丽，但不务实际，华而不实，这种文体主要以四字、六字相间定句，世称"四六文"。如果仅限于文人吟诵，骈文的影响还属可控，但问题是，这些人有不少身居庙堂，主导政策制定和施行，对国政文书、军机情报等也作文字游戏，误国误民，贻害无穷。与骈文风气彼此影响、互为表里的，是充斥整个社会的清谈之风，特别是相当数量的统治集团"处官雅远不事事"，崇尚清谈、坐而论道，不关心具体事务，不解决实际问题，导致统治危机频发。这一时期，走马灯似的更迭政权，与这种风气关系很大。

《陈书·后主纪》中记载："自魏正始、晋中朝以来，贵臣虽有识治者，皆以文学相处，罕关庶务。"说的是贯穿魏晋南北朝的300余年里，清谈之风几乎蔓延整个官场，即便是一些有识之士也裹挟其中，以至尸禄耽宠，空谈误国。比如，554年西魏伐梁之际，梁元帝萧绎仍组织百官盛装出席听其玄谈，最终兵败城破，萧绎本人也受降被辱。就像南朝诗人陶弘景诗中所说："夷甫任散诞，平叔坐谈空。不言昭阳殿，化作单于宫。"

隋朝初立，几乎完全继承了南朝遗风，文风上注重形式、忽视内容，过于讲求华美的文词和骈俪的形式。社会上，延续了"属文之家，体尚轻薄，递相师效，流宕忘反"的风气。官场上，耍花架子的浮艳文风，使公文不能"褒德序贤，明勋证理"，严重威胁着政治秩序。在这种情况下，吸取前朝兴亡教训，特别是纠治不良作风、政风、文风，维护政权稳定，成为朝野上下包括李谔在内的一些有识之士的共同诉求。

一、以强烈的问题意识，说清楚提倡什么、反对什么

提倡什么，需要见识。怎么行文，需要方法。《上隋文帝革文华书》可以分为上下两阕，上阕主要是谈问题。

先是借评说历史，讲现实问题。以古鉴今，是公文写作的常用方法。李谔将"魏之三祖"，即曹操、曹丕、曹叡作为形式主义文风的始作俑者，到了比较近的齐、梁时代，"其弊弥甚"。

接着主要围绕用人导向分析问题。一是抨击追求奇异、寻逐虚微的文风，有时为了一个字、一个韵是否奇巧，争论不休，由此形成了一种"连篇累牍，不出月露之形，积案盈箱，唯是风云之状"的形式主义写作风气。二是这些当政者以骈文写得好不好来录取官员，在名利的诱导下，必然会使更多的人对这种文风趋之若鹜。三是对下一代造成的危害，无论是乡野稚童还是贵族少年，连启蒙的基础都没打好，就学着吟诗作对。用更通俗的说法就是，不会走，就先学跑，而且还没跑对路。四是就整个社会来说，不阅读经典的书籍，不关心真正的学问，以傲世荒诞为清高，以抒发情绪为功绩，把古道素雅的文风看成过时的古董，把只会摆弄词赋的人当作君子。

存在以上问题，必然导致严重的危害：文笔日繁，其政日乱。究其原因，是遗弃和脱离了正确的轨道模式，制造出毫无用处的东西并竞相追捧，以至损本逐末，流遍全国，公文游离出应有的功能，煽动性、破坏性越来越大。

以上讲清楚了反对什么，那么提倡什么呢？其实，奏书开篇就旗帜鲜明地提出，古人教育感化百姓，必然要通过改变其所见所闻，营造一种淳和的氛围。怎么改变呢？要通过五教六行这样的行为规范，以及《诗》《书》《礼》《易》这样的典籍教材，然后自然引到对文风以及文体作用的论述上来。

二、以明确的对策建议,说清楚怎么提倡、怎么反对

提出问题,是为了解决问题。奏书下阕,主要谈对策建议,明确提倡动用国家机器进行纠察。

一是提对策前先谈成就。首先梳理了隋朝立国后在改进文风方面的一些政策举措,说明朝廷已经意识到了这个问题,并规定文风浮华的,不得做官、不得提拔。然后举例印证,开皇四年(584年),皇帝严诏"公私文翰,并皆实录",随后抓了一个反面典型,对泗州刺史司马幼之,以"文表华艳"治罪。最后讲成效,经过这些举措,公卿大臣都知道了什么是正路,纷纷研究古籍,"弃绝华绮",行大道于当世。

二是聚焦关键环节谈不足。成就是有的,但仍有很多不足;政策是制定了,但仍然落实不力。这就是"外州远县,仍踵敝风",在不少地方,选人用人这个关键环节还是没有按照新规定执行,能够学习古风、改进文风,遵守新规定的人,仕途无路;反倒是那些依然因循守旧、沽名钓誉的人,得到了提拔,被推举选送到朝廷为官。

三是立足本职提可行建议。李谔当时的职责是监察官员,因而无论是提出问题,还是提出解决问题的对策建议,都围绕着选人用人这个风向标。在李谔看来,风向标不正,首先要挨板子的是地方官员,于是建议朝廷完善做法,让各部门"普加搜访",发现一例报送一例。在说事论理的层层演进之下,这样一个具体可行的建议自然得到了隋文帝的认可和批准,随即"颁示天下,四海靡然向风,深革其弊"。

不过,改进文风是长期的事、艰巨的事,类似于移风易俗,绝非单靠行政命令就能解决的,也不是一朝一夕就能完成的。自隋朝至盛唐,在文章领域,仍以骈文居首,直到古文运动之后,

骈体之风才一步步转变。

关于改进文风，反对形式主义，中国共产党在新民主主义革命时期就大力倡导。毛泽东在《反对党八股》中指出了党八股的8条罪状：空话连篇，言之无物；装腔作势，借以吓人；无的放矢，不看对象；语言无味，像个瘪三；甲乙丙丁，开中药铺；不负责任，到处害人；流毒全党，妨害革命；传播出去，祸国殃民。同时还提出了改进文风的举措，概括起来：一是任何机关作决定、发指示，同志写文章、作演说，"要靠有用"；二是"要看情形办理"，也就是要看对象，要有内容，实事求是；三是文章是客观事物的反映，而事物是曲折复杂的，必须反复研究，才能反映恰当，如果是重要的带指导性质的文章，"总要提出一个什么问题，接着加以分析，然后综合起来，指明问题的性质，给以解决的办法"；四是提倡生动活泼、新鲜有力的文风；五是多学习，"语言这东西，不是随便可以学好的，非下苦功不可"。这些论述和方法，对于公文写作者来说，具有长期的指导价值。

【原文】

上隋文帝革文华书

隋·李谔

臣闻古先哲王之化民也，必变其视听，防其嗜欲，塞其邪放之心，示以淳和之路。五教六行①为训民之本，《诗》《书》《礼》《易》为道义之门。故能家复孝慈，人知礼让，正俗调风，莫大于此。其有上书献赋、制诔镌铭②，皆以褒德序贤，明勋证理③。苟非惩劝，义不徒然。降及后代，风教渐落。魏之三祖，更尚文词，忽君人之大道，好雕虫之小艺。下之从上，有同影响，竞骋文华，遂成风俗。

江左齐、梁，其弊弥甚，贵贱贤愚，唯务吟咏。遂复遗理存异，寻虚逐微，竞一韵之奇，争一字之巧。连篇累牍，不出月露之形，积案盈箱，唯是风云之状④。世俗以此相高，朝廷据兹擢士。禄利之路既开，爱尚之情愈笃。于是闾里童昏，贵游总丱⑤，未窥六甲⑥，先制五言。至如羲皇、舜、禹之典，伊、傅、周、孔之说，不复关心，何尝入耳。以傲诞为清虚，以缘情为勋绩，指儒素为古拙，用词赋为君子。故文笔日繁，其政日乱，良由弃大圣之轨模，构无用以为用也。损本逐末，流遍华壤，递相师祖，久而愈扇。

及大隋受命，圣道聿兴，屏黜轻浮，遏止华伪，自非怀经抱质，志道依仁，不得引预搢绅，参厕缨冕⑦。开皇四年，普诏天下，公私文翰，并宜实录。其年九月，泗州刺史司马幼之文表华艳，付所司治罪。自是公卿大臣，咸知正路，莫不钻仰坟集，弃绝华

---

① 五教六行，"五教"指父子有亲、君臣有义、夫妻有别、长幼有序、朋友有信；"六行"指仁、义、礼、智、信、乐。
② 上书献赋、制诔镌铭，"书"指上书奏章；"赋"指句式两两相对，铺张摘采的韵文；"诔"指叙述死者生前事迹，表示哀悼的祭祀文体；"铭"指记述生平事业或警诫自己的文体。
③ 褒德序贤，明勋证理，指褒奖有德之人，评价人才，记载功绩，论证事理。
④ 连篇累牍，不出月露之形，积案盈箱，唯是风云之状，这里泛指无病呻吟、矫揉造作的景物描绘。
⑤ 闾里童昏，贵游总丱，指乡野稚童和贵族少年。
⑥ 六甲，指天干地支配合计算年月日的方法，其中以"甲"相配的有六个，故称六甲，这里泛指儒家经典。
⑦ 参厕缨冕，"参厕"指参与、置身；"缨冕"指贵族官吏所戴礼帽，引申为做官。

绮，择先王之令典，行大道于兹世。

如闻外州远县，仍踵散风，选吏举人，未遵典则，至有宗党称孝，乡曲归仁，学必典谟①，交不苟合，则摈落私门，不加收齿；其学不稽古，逐俗随时，作轻薄之篇章，结朋党而求誉，则选充吏职，举送天朝。盖由县令、刺史未行风教，犹挟私情，不存公道。臣既忝宪司，职当纠察。若闻风即劾，恐挂网者多，请勒诸司，普加搜访，有如此者，具状送台。（《隋书·李谔传》）

【名言警句】

〖塞其邪放之心，示以淳和之路〗

〖褒德序贤，明勋证理〗

【成语来源】

连篇累牍——〖连篇累牍，不出月露之形，积案盈箱，唯是风云之状。〗

---

① 典谟，"典"指三坟五典，"谟"指《尚书·皋陶谟》，这里统指儒家典籍。

"批逆鳞"的智慧

——唐·魏徵《十渐不克终疏》

魏徵是"一代名相",以敢谏善谏著称。谏书是古代向皇帝提批评意见的,被称为"批逆鳞"。据《贞观政要》记载统计,魏徵向唐太宗李世民面陈谏议、直面批评有50次,一生的谏诤多达数十万言。其中的《谏太宗十思疏》《十渐不克终疏》,成为流传千古的名篇。

魏徵因谏言,被唐太宗誉为"可以明得失"的一面镜子,除了唐太宗本人对于批评意见的接受程度较高,更重要的是魏徵其人正直纯良、公心为上,其文剀切殷殷、词强理直。

贞观十三年(639年)五月,大旱,近半年没下雨。这种现象在古人看来就是上天的一种警示,于是魏徵决定利用这一契机说一些早想说的话。什么话呢?就是对于贞观后期唐太宗越来越不能保持好的作风、越来越听不进去直言忠谏,提出批评。所谓"渐不克终",意即有始无终的苗头问题。这些问题,魏徵一口气说了10个,规劝唐太宗应该像贞观初期那样励精图治、忧勤国事,做到防微杜渐、戒奢以俭。

奏疏全文采用对比手法,指出唐太宗与贞观初期相比,在10个方面都出现了今不如昔的变化,主旨就是8个字:居安思危,善始慎终。

一、剀切殷殷，条理分明

文章一开始提出总论点："然受命之初，皆遵之以成治，稍安之后，多反之而败俗。"指出太宗现在的主要问题是不能慎终如始。然后先言太宗的辉煌功业，逐渐引出渐不克终的论述。进入主体部分，则通过现在和过去的对比，就求马市珍、滥用人力、纵欲拒谏、亲佞远贤、好尚奢靡、轻为臧否、嗜好田猎、朝堂失矩、乐极志满、劳扰百姓等方面的问题，逐条作了具体阐述，款款都针对太宗的失德之处，同时也没有全盘否定。最后，照应开头，再次点题，希望太宗见诫而惧、择善而从、勤而行之、思而改之，不要使大好局面功亏一篑。奏疏针对执政者功业日隆之时心态上的微妙变化娓娓道来，对其不能防微杜渐诚恳规劝，既有外在的表象列举，又有深刻的原因剖析，逻辑清晰、条理分明。至于文中的"立身成败，在于所染，兰芷鲍鱼，与之俱化，慎乎所习，不可不思""自古以来，未有由百姓逸乐而致倾败者也""君子之怀，蹈仁义而弘大德；小人之性，好谗佞以为身谋""傲不可长，欲不可纵，乐不可极，志不可满"，等等，都是作者精心提炼出来可供帝王资政的治世格言。

二、词强理直，切中要害

奏疏不仅把"十渐"的危害讲得清清楚楚，而且对症下药，提出了改进措施，实用而不空泛。文中开篇正面阐述帝王之道，即先淳朴而抑浮华、贵忠良而鄙邪佞、绝奢靡而崇俭约、重谷帛而贱珍奇。在陈述意见部分，考虑全面，针对性强，"十渐"所指出的问题，无一不针对帝王的"易犯病"，又无一不为执政者考虑，是唐太宗能够接受的范围。同时"十渐"内容涉及与治国兴邦有关的变化和隐患，从治国之道、生活作风、品德修养等多方面着手，可谓面面俱到、煞费苦心。至于结合具体实例、引用先哲警言，反复阐述、耐心说服，也是恰如其分、用心良苦。

唐太宗看到这封奏疏后，"反复研寻"，并对魏徵说，"朕今闻过矣，愿改之，以终善道。有违此言，当何施颜面与公相见哉！"，并将奏疏贴在屏风上，"朝夕瞻仰"。相传魏徵病故后，李世民十分悲痛，背诵《十渐不克终疏》送他最后一程。

【原文】

十渐不克终疏

唐·魏徵

臣观自古帝王，受图定鼎①，皆欲传之万代，贻厥孙谋。故其垂拱岩廊②，布政天下，其语道也，必先淳朴而抑浮华；其论人也，必贵忠良而鄙邪佞；言制度也，则绝奢靡而崇俭约；谈物产也，则重谷帛而贱珍奇。然受命之初，皆遵之以成治，稍安之后，多反之而败俗。其故何哉？岂不以居万乘之尊，有四海之富，

---

① 受图定鼎，指承受天下，建立国都。图，河图。古代传说伏羲氏王天下，龙马负图出于河，后世因此以"图"代指"天下"。

② 岩廊，高峻的走廊，喻朝廷。

出言而莫已逆，所为而人必从，公道溺于私情，礼节亏于嗜欲故也。语曰："非知之难，行之惟难；非行之难，终之斯难。"所言信矣！

伏惟陛下，年甫弱冠，大拯横流，削平区宇，肇开帝业。贞观之初，时方克壮，抑损嗜欲，躬行节俭，内外康宁，遂臻至治。论功则汤、武不足方，语德则尧、舜未为远。臣自擢居左右，十有余年，每侍帷幄，屡奉明旨。常许仁义之道，守之而不失；俭约之志，终始而不渝。一言兴邦，斯之谓也。德音在耳，敢忘之乎？而顷年已来，稍乖曩志①，敦朴之理，渐不克终。谨以所闻，列之如左。

陛下贞观之初，无为无欲，清静之化，远被遐荒。考之于今，其风渐堕，听言则远超于上圣，论事则未逾于中主。何以言之？汉文、晋武，俱非上哲，汉文辞千里之马，晋武焚雉头之裘。今则求骏马于万里，市珍奇于域外，取怪于道路，见轻于戎狄。此其渐不克终，一也。

昔子贡问理人于孔子，孔子曰："懔乎若朽索之驭六马。"子贡曰："何其畏哉？"子曰："不以道遵之，则吾雠也，若何其无畏？"故《书》曰："民惟邦本，本固邦宁。"为人上者，奈何不敬？陛下贞观之始，视人如伤②，恤其勤劳，爱民犹子，每存简约，无所营为。顷年已来，意在奢纵，忽忘卑俭，轻用人力，乃云："百姓无事则骄逸，劳役则易使。"自古已来，未有由百姓逸乐而致倾败者也，何有逆畏其骄逸，而故欲劳役者哉？恐非兴邦之至言，岂安人之长算？此其渐不克终，二也。

陛下贞观之初，损己以利物；至于今日，纵欲以劳人。卑俭之迹岁改，骄侈之情日异。虽忧人之言不绝于口，而乐身之事实

---

① 稍乖曩志，指渐渐地违背过去的志向。
② 视人如伤，指看待老百姓就像受伤的人那样。

切于心。或时欲有所营，虑人致谏，乃云："若不为此，不便我身。"人臣之情，何可复争？此直意在杜谏者之口，岂曰择善而行者乎？此其渐不克终，三也。

立身成败，在于所染，兰芷鲍鱼，与之俱化，慎乎所习，不可不思。陛下贞观之初，砥砺名节，不私于物，唯善是与，亲爱君子，疏斥小人。今则不然，轻亵小人，礼重君子。重君子也，敬而远之；轻小人也，狎而近之。近之则不见其非，远之则莫知其是。莫知其是，则不问而自疏；不见其非，则有时而自昵。昵近小人，非致理之道；疏远君子，岂兴邦之义？此其渐不克终，四也。

《书》曰："不作无益害有益，功乃成；不贵异物贱用物，人乃足。犬马非其土性不畜，珍禽奇兽弗育于国。"陛下贞观之初，动遵尧、舜，捐金抵璧①，反朴还淳。顷年已来，好尚奇异。难得之货，无远不臻；珍玩之作，无时能止。上好奢靡而望下敦朴，未之有也。末作②滋兴，而求丰实，其不可得，亦已明矣。此其渐不克终，五也。

贞观之初，求贤如渴，善人所举，信而任之，取其所长，恒恐不及。近岁已来，由心好恶，或从善举而用之，或一人毁而弃之；或积年任而用之，或一朝疑而远之。夫行有素履，事有成迹，所毁之人，未必可信于所举；积年之行，不应顿失于一朝。君子之怀，蹈仁义而弘大德；小人之性，好谗佞以为身谋。陛下不审察其根源，而轻为之臧否，是使守道者日疏，干求者日进，所以人思苟免，莫能尽力。此其渐不克终，六也。

陛下初登大位，高居深视，事惟清静，心无嗜欲，内除毕弋之物，外绝畋猎之源。数载之后，不能固志，虽无十旬之逸，或

---

① 捐金抵璧，意指不重财物。出自葛洪《抱朴子·安贫》："上智不贵难得之财，故唐虞捐金而抵璧。"
② 末作，古代以农业为本，工、商等皆被视为末作。

过三驱①之礼。遂使盘游之娱，见讥于百姓；鹰犬之贡，远及于四夷。或时教习之处，道路遥远，侵晨而出，入夜方还，以驰骋为欢，莫虑不虞之变。事之不测，其可救乎？此其渐不克终，七也。

孔子曰："君使臣以礼，臣事君以忠。"然则君之待臣，义不可薄。陛下初践大位，敬以接下，君恩下流，臣情上达，咸思竭力，心无所隐。顷年已来，多所忽略，或外官充使，奏事入朝，思睹阙庭，将陈所见，欲言则颜色不接，欲请又恩礼不加。间因所短，诘其细过，虽有聪辩之略，莫能申其忠款，而望上下同心，君臣交泰，不亦难乎？此其渐不克终，八也。

傲不可长，欲不可纵，乐不可极，志不可满。四者，前王所以致福，通贤以为深诫。陛下贞观之初，孜孜不怠，屈己从人，恒若不足。顷年已来，微有矜放，恃功业之大，意蔑前王，负圣智之明，心轻当代，此傲之长也。欲有所为，皆取遂意，纵或抑情从谏，终是不能忘怀，此欲之纵也。志在嬉游，情无厌倦，虽未全妨政事，不复专心治道，此乐将极也。率土乂安，四夷款服，仍远劳士马，问罪遐裔，此志将满也。亲狎者阿旨而不肯言，疏远者畏威而莫敢谏，积而不已，将亏圣德。此其渐不克终，九也。

昔陶唐、成汤之时非无灾患，而称其圣德者，以其有始有终，无为无欲，遇灾则极其忧勤，时安则不骄不逸故也。贞观之初，频年霜旱，畿内户口并就关外，携负老幼，来往数千，曾无一户逃亡，一人怨苦，此诚由识陛下矜育之怀，所以至死无携贰。顷年已来，疾于徭役，关中之人，劳弊尤甚。杂匠之徒，下日悉留和雇；正兵之辈，上番多别驱使。和市之物，不绝于乡间；递送之夫，相继于道路。既有所弊，易为惊扰，脱因水旱，谷麦不收，恐百姓之心，不能如前日之宁帖。此其渐不克终，十也。

---

① 三驱，即每年打猎三次。

臣闻"祸福无门,唯人所召"。人无衅①焉,妖不妄作。伏惟陛下统天御宇,十有三年,道洽寰中,威加海外,年谷丰稔,礼教聿兴,比屋喻于可封②,菽粟同于水火。暨乎今岁,天灾流行,炎气致旱,乃远被于郡国,凶丑作孽忽近起于毂下,夫天何言哉?垂象示诫,斯诚陛下惊惧之辰,忧勤之日也。若见诫而惧,择善而从,同周文之小心,追殷汤之罪己,前王所以致理者,勤而行之,今时所以败德者,思而改之。与物更新,易人视听,则宝祚无疆,普天幸甚,何祸败之有乎?然则社稷安危,国家治乱,在于一人而已。当今太平之基,既崇极天之峻;九仞之积,犹亏一篑之功。千载休期,时难再得,明主可为而不为,微臣所以郁结而长叹者也。臣诚愚鄙,不达事机,略举所见十条,辄以上闻圣听。伏愿陛下采臣狂瞽之言,参以刍荛之议③,冀千虑一得,衮职有补,则死日生年,甘从斧钺。(《全唐文》)

【名言警句】

〖其语道也,必先淳朴而抑浮华;其论人也,必贵忠良而鄙邪佞;言制度也,则绝奢靡而崇俭约;谈物产也,则重谷帛而贱珍奇。〗

〖非知之难,行之惟难;非行之难,终之斯难。〗

〖立身成败,在于所染,兰芷鲍鱼,与之俱化,慎乎所习,不可不思。〗

〖捐金抵璧,反朴还淳。〗

〖君子之怀,蹈仁义而弘大德;小人之性,好逸佚以为身谋。〗

〖傲不可长,欲不可纵,乐不可极,志不可满。〗

〖祸福无门,唯人所召。人无衅焉,妖不妄作。〗

---

① 衅,指瑕隙。
② 比屋喻于可封,由于教化大兴,家家有德行,人人可受表彰。
③ 刍荛之议,指初生牛犊之言,有时候也比喻大胆的忠言。

逻辑有理性，判断有依据

——唐·柳宗元《驳复仇议》

批驳错误的思想和观点时，我们常常会因为尺度把握不好、语言组织不好，进而影响观点的表达。如何写驳论性质的文章，是很多人面临的难题。在这方面，柳宗元为我们作出了榜样。

柳宗元不仅散文成就高，公文成就也不俗。他祖籍河东郡（今山西省运城市永济、芮城一带），世称"柳河东""河东先生"。河东柳氏曾经是世代簪缨的士家大族，但到中唐时代已经走向没落。773年，柳宗元出生于京城长安；793年，年仅20岁高中进士；798年又中博学鸿词科，授集贤殿书院正字，但由于朝中无人，始终不得重用。德宗后期，柳宗元与太子近臣王叔文等政见相近，相约隐忍待机，以期有朝一日推行变法，革除弊政。805年，顺宗即位，重用王叔文等人，柳宗元也被提拔担任礼部员外郎，参与以王叔文为首的"永贞革新"，主张抑制地方势力，加强中央集权，试图收回宦官和藩镇手中的权力。

不过好景不长，顺宗即位不久就因为中风丧失了语言能力，在改革中受到损失的宦官集团迅速开始反攻倒算，将"永贞革新"的主要成员贬谪出京，甚至废黜了唐顺宗，拥立顺宗长子广陵王继位。柳宗元作为王叔文同党，先后被贬谪永州、柳州，从此离开了政治舞台的中心。贬谪期间，柳宗元精研学问，在哲学、政治、历史、文学等方面进行钻研，并游历山水，结交当地士子，在许多领域都留下大量优秀作品，比如，寓言类的《黔之驴》，政论文《封建论》，山水游记《永州八记》，传记类的《段太尉逸事状》《捕蛇者说》等。819年，柳宗元在柳州病逝，最终没能等到回京的机会。

本文是柳宗元在礼部员外郎任上写的一篇驳论性的奏议，柳宗元看似在讨论一个复仇案的判决，批驳了陈子昂的《复仇议状》，实际上是以此为切入口，明确了"旌与诛莫得而并焉"的审判原则，对于后世司法审判具有重要的意义。

陈子昂的"复仇议"并非发生在柳宗元生活的时代，而是他翻看卷宗档案，从陈年旧案中发现的。自"天后"时期到柳宗元生活的年代，时间已经过去了将近百年，涉案人员早已作古，连当时作《复仇议状》的谏官陈子昂也去世已久。而柳宗元还要针对这个问题向朝廷上疏，可见在他心里这不是一个小问题，在他看来，"复仇问题"和《复仇议状》中的判例存在着严重的缺点，必须加以纠正。

我们首先来还原这个案子：武则天时期，同州下邽（今陕西省渭南市临渭区）有个小伙子叫徐元庆，他的父亲徐爽被当时的下邽县吏赵师韫所杀，这在儒家观念看来，是不可不报的杀父之仇，于是徐元庆隐忍待机。数年后，赵师韫已经进京做官，出差的途中在一家驿站停留，徐元庆终于等到了机会，杀掉了赵师韫，然后到官府自首。

这件事在当时就引起了一番争议。究竟是应该杀人偿命还是应该表彰孝道？在儒家思想占据意识形态主导地位的时代，这是一个问题，是一个大问题。于是当时的谏官陈子昂就针对这件事发表了《复仇议状》，作出了一个看似合理的判决：一方面，徐元庆故意杀人明显是犯罪，还是要依照法律判处死刑的；另一方面，徐元庆为父报仇，显然是孝子的做法，应该予以表扬。陈子昂还建议，这样的判决可以作为判例，在今后的类似案件中参照执行。

针对这个案子，针对这个判决，柳宗元旗帜鲜明地表示反对，所以《驳复仇议》反驳的就是陈子昂的这篇《复仇议状》以及"诛之而旌其闾"的判例。

一、开宗明义，指出错误

柳宗元开宗明义，对于"当时谏臣陈子昂建议诛之而旌其闾；且请'编之于令，永为国典'"的建议，明确表示"窃独过之"。实际上，柳宗元"过"的，绝不仅仅是这一个案子的判罚，甚至不止是这一类案件的判例，而是"既诛又旌"的态度以及潜藏在这种态度之后的逻辑。

所谓"既诛又旌"，看似维护了法律的权威又彰显了道德的高尚，但其实是逻辑混乱、自相矛盾的表现。"诛"就是死刑，作为一种严厉的刑罚，这本身就表明了官方的态度，但凡处以死刑的，应该都是罪大恶极的犯罪分子。而"旌其闾"是一种歌颂和表彰的方式，官方表彰的，要么是立有大功的，要么是某些方面可以作为社会楷模的。

由此可见，"诛"与"旌"本身在态度上就是对立的。如果对于那些应该表彰的人判了死刑，那就是滥用刑罚；如果对于那些应该诛杀的人再去表彰，那就是礼法崩坏。所以"既诛又旌"，本身就是矛盾的。如果真的要将徐元庆复仇案"编之于令，永为国典"，官方这种自相矛盾的逻辑还可能在别的案件审理当中持续下去，这才是柳宗元真正要反对的。

柳宗元主张判罚的标准必须统一，官方的态度必须一致，判断一件事应该褒奖还是应该惩罚，要以事实为依据，以法律为准绳，"既诛又旌"既不能维护法律的权威，又无法彰显道德的崇高。

二、分条论述，逻辑清晰

今天，学过法学知识的人都知道，法律，特别是刑法维护的是"法益"，一种行为是否构成违法犯罪要看其是否侵犯了法益。但在中国古代漫长的岁月里，司法实践中存在着"春秋折狱"的传统，即以道德的评判标准去处理司法问题，这就难免在案件审判中出现逻辑矛盾的现象。为了把逻辑理清楚，柳宗元采取了分类讨论的办法来阐述自己的观点。

第一种情况是徐元庆的父亲并没有违法，赵师韫因为私仇杀了徐父，地方的行政官员没有因此给赵师韫论罪，司法官员也没有过问这个案子，那就是互相庇护，不仅犯罪分子应该受到惩罚，当地官员也难辞其咎。在这种情况下，徐元庆隐忍待机、为父报仇，不仅是孝子的孝顺行为，实际上也捍卫了法律的权威，当地官员应该表示惭愧，感谢徐元庆做了他们应该做的事，怎么能给徐元庆判死刑呢？

第二种情况是徐元庆的父亲本身就违法了，那么杀死徐元庆父亲的就不是赵师韫，而是法律。在帝制时代，法律是由天子制定的，徐元庆要仇视法律就是仇视天子，徐元庆杀了依法办事的县吏赵师韫，那他就是桀骜不驯甚至欺凌上级的法外狂徒，不仅蔑视了法律，更是对天子不忠。当忠孝发生冲突的时候，即便是儒家道德也提倡"忠君"才是大孝，对于这样的人就应该抓起来判死刑，怎么能表彰他呢？

经过这样两种情况的分析，就把法律与道德之间的矛盾问题转化为遵法和违法之间的事实判断问题，梳理清楚了这样的逻辑，只要事实调查清楚，正确的判罚自然也就出来了。

三、换位思考，以理服人

作为一篇驳论性质的文章，本文一开始就树立了明确的批驳对象，但全文读下来不仅没有压迫感和火药味，更像是一篇逻辑清晰的议论文，心平气和地引导读者信服自己的观点，让人易于接受。

驳论的目的不是针对某一个人，而是反对某个自己不认可的观点，在批驳的基础上论证自己的观点，所以最好的方法是心平气和地让对方、让读者跟上自己的思路和逻辑。而想要让对方跟着自己的逻辑，最好的办法就是站在对方的角度。

陈子昂的《复仇议状》本意是通过"旌其闾"这件事去表彰孝道，属于典型的儒家伦理。既然《复仇议状》是站在儒家伦理的高度去看待徐元庆复仇案的，那么柳宗元就从儒家经典入手，看看儒家经典是怎么看待复仇的，所谓"以子之矛，攻子之盾"。他举了《周礼》和《春秋公羊传》中的论述，特别是在《春秋公羊传》中，有明确的论述："父不受诛，子复仇可也。父受诛，子复仇，此推刃之道，复仇不除害。"这就说明儒家绝不是无条件地认可为父报仇这件事，而是区分了"复仇"和"推刃"之间的区别，从儒家经典中找到与自己暗合的观点，借用古人的话来阐发自己的观点，使得那些信奉儒家伦理的人也找到了理论依据。

在一系列推理和论证的基础上，柳宗元最后针对徐元庆这个案子也谈了自己的看法。从卷宗当中，柳宗元并没有找到徐元庆的父亲违法乱纪的记录，那么赵师韫杀徐父就谈不上秉公执法。

在柳宗元看来，徐元庆能够不忘杀父之仇，这是"孝"，能够将自己的生死置之度外去报仇，这是"义"，对于这样的孝义之人，官方把他判处了死刑，谏官还提议应该判死刑，这本身就是"黩刑坏礼"，显然不能作为典型判例去参照。

辩驳靠的不是谁声音大、谁文采好，也不是左右逢源、各打五十大板，而是看谁更有道理。今天我们写公文，也要更加注重理性逻辑，不能用主观的好恶去看待问题，而是要条分缕析把道理讲明白，有理有据、有章有法作出清晰的判断，这才是立论的依据和批驳的艺术。

【原文】

驳复仇议

唐·柳宗元

臣伏见天后[①]时，有同州下邽人徐元庆者，父爽为县吏赵师韫所杀，卒能手刃父仇，束身归罪。当时谏臣陈子昂建议诛之而旌[②]其闾，且请"编之于令，永为国典"。臣窃独过之。

臣闻礼之大本，以防乱也。若曰无为贼虐，凡为子者杀无赦；刑之大本，亦以防乱也，若曰无为贼虐，凡为理者杀无赦。其本则合，其用则异，旌与诛莫得而并焉。诛其可旌，兹谓滥，黩刑

---

① 天后，即武则天。
② 旌，表彰。

甚矣。旌其可诛，兹谓僭①，坏礼甚矣。果以是示于天下，传于后代，趋义者不知所向，违害者不知所立，以是为典可乎？

盖圣人之制，穷理以定赏罚，本情以正褒贬，统于一而已矣。向使刺谳②其诚伪，考正其曲直，原③始而求其端④，则刑、礼之用，判然离矣。何者？若元庆之父，不陷于公罪，师韫之诛，独以其私怨，奋其吏气，虐于非辜，州牧不知罪，刑官不知问，上下蒙冒⑤，吁号不闻；而元庆能以戴天为大耻，枕戈为得礼，处心积虑，以冲仇人之胸，介然⑥自克，即死无憾，是守礼而行义也。执事者宜有惭色，将谢之不暇，而又何诛焉？其或元庆之父，不免于罪，师韫之诛，不愆于法，是非死于吏也，是死于法也。法其可仇乎？仇天子之法，而戕奉法之吏，是悖骜而凌上也。执而诛之，所以正邦典，而又何旌焉？

且其议曰："人必有子，子必有亲，亲亲相仇，其乱谁救？"是惑于礼也甚矣。礼之所谓仇者，盖其冤抑沉痛，而号无告也；非谓抵罪触法，陷于大戮。而曰"彼杀之，我乃杀之"，不议曲直，暴寡胁弱而已。其非经背圣，不亦甚哉！《周礼》："调人⑦，掌司万人之仇。""凡杀人而义者，令勿仇；仇之则死。""有反杀者，邦国交仇之。"又安得"亲亲相仇"也？《春秋公羊传》曰："父不受诛，子复仇可也。父受诛，子复仇，此推刃⑧之道，复仇不除害。"今若取此以断两下相杀，则合于礼矣。且夫不忘仇，孝也；不爱死，义也。元庆能不越于礼，服孝死义，是必达理而闻

---

① 僭，超出本分。
② 刺谳，审理判罪。
③ 原，探究，一般用于探究事物本原。
④ 端，原因。
⑤ 蒙冒，互相包庇，欺上瞒下。
⑥ 介然，坚定的样子。
⑦ 调人，周代官名。
⑧ 推刃，互相杀害。

道者也。夫达理闻道之人,岂其以王法为敌仇者哉?议者反以为戮,黩刑坏礼,其不可以为典,明矣。

请下臣议,附于令。有断斯狱①者,不宜以前议从事。谨议。
(《古文观止》中华书局 2016 年版)

【名言警句】

〖礼之大本,以防乱也。〗

〖盖圣人之制,穷理以定赏罚,本情以正褒贬,统于一而已矣。〗

〖不忘仇,孝也;不爱死,义也。〗

---

① 斯狱:这种案件。

"提炼"的"五字诀"

——元·郝经《便宜新政》

"元"这一国号出自儒学经典《周易》中的"乾元",建立元朝的忽必烈,重用汉族儒士,决心建立一个沿袭中华古制、赓续汉唐传统的新帝国。在这些汉族儒士中,有一个人对忽必烈有条件接受汉文化、推行汉制汉法产生了较大影响,他就是郝经。

郝经家世业儒,生活于一个大动乱的时代。1232年,河南被蒙古军攻陷后,9岁的郝经随父逃往保州(今河北保定)。"乱后,生理狼狈",但郝经"晨给薪水,昼理家务,少隙则执书读之""日诵二千言为课,夜则衣不解带,握管缀录,如是者五年"。1238年,大蒙古国首次在中原考试儒士。郝经曾有心"决科文"应试,但其父郝思温教导他说,"汝学所以为道非为艺能也,为修身非为禄养也"。郝经于是转而以"道德之理,性命之源、经术之本"为其先务。"上溯洙泗,下迨伊洛",除了孔孟,就是二程,学五经四书,读儒家经典,"靡不洞究",并树立了"以兴复斯文、道济天下为己任"的远大抱负。他曾自述其志说,"不学无用学,不读非圣书,不为忧患移,不为利益拘,不务边幅事,不作章句儒"。

1251年,郝经求学于祖父郝天挺的学生元好问。元好问在当时被尊为"北方文雄""一代文宗",文名鼎盛。元好问对郝经很是赏识,不仅教论作诗、作文法,而且勉励郝经树"百世远大之业",用世行道。其后,郝经博览群书,北入燕京,南下曲阜,与学界精英唱和,与山林隐逸论道,访名儒于精舍,拜寓贤于陋室,宣扬和完善自己"乘机挈会,用夏变夷,挽回元气,春我诸华"的理论,渐渐成为名噪北方的辞赋大家和理论高深的青年国士。

郝经在学术界名望日隆,受到了忽必烈的关注。忽必烈是汉化程度较深的蒙古王公,史称其"好儒术,喜衣冠,崇礼让"。当时忽必烈还没登上汗位,受其兄大汗蒙哥之命,负责长城以南汉族区域的经略统治。1255年,忽必烈遣使欲召郝经入幕,郝经摸不清忽必烈对其理想和学说的态度,没有应召前往,而是写了一篇《河东罪言》的书议,托使者带给忽必烈。书议中,郝经以其故乡河东平阳府为例,陈述了汉人在蒙古贵族的统治下,凄惨悲凉的生活状况,提出了应"轻敛薄赋以养民力,简静不繁以安民心"等改革策略,用以试探忽必烈是否有从善举贤的诚意。忽必烈见到郝经的书议后,赏识其卓见和胆识,随即又派使臣征召郝经入见。这使郝经感到自己的才识有了用武之地,遂毅然应召前往。

1256年,郝经见忽必烈于漠南金莲川,忽必烈"咨以经国安民之道"。郝经讲述了中国历代圣主贤君以"仁民爱物"而得天下的先例,继而又"上立国规模数十条",力劝忽必烈从统一中国大局着眼,改革蒙古游牧民族统治制度,以国朝之成法,援唐宋之故典,参辽金之遗制,"正纲纪,立法度""藻饰王化""文致太平",创"万世规模"。当忽必烈询及当前急务时,郝经书写了当今"天下蠹民害政之尤者十一条"的条陈上奏忽必烈,条条切中时弊,忽必烈皆以为然。但忽必烈当时并未握有国柄,无法全面推行,遂对郝经说:"可行之时,尔自知之。"从此忽必烈留郝经于左右，为其出谋划策。

1259年，蒙哥于南征期间驾崩，又未指定继承人，忽必烈与弟弟阿里不哥争夺汗位继承权。忽必烈在部分蒙古贵族和大臣的支持下，次年自立为"大蒙古国皇帝"，同时仿照中原习俗，正式称帝，起用年号"中统"，并自称"朕"，成为蒙古帝国首位使用汉制"皇帝"称号和首位使用年号的统治者。这时，郝经立即上进《便宜新政》，奏陈16件忽必烈即位之初应做的主要大事。

"便宜"始于汉代，是臣子向皇帝上奏便利宜办之事时使用的文种。南朝梁代刘勰在《文心雕龙》中将便宜和封事归为一类，所以后世的便宜还带有一定机密性质。郝经能从纷繁复杂、千头万绪的国事中"谨裁"出16件作为"当务之急"条奏，可见是一位沙里淘金、善于提炼的高手。

一是往"高"处提炼。公文要有高度，需要与上级的要求对标对照，站得高、看得远，文章才能高屋建瓴、不同凡响。忽必烈年轻时就胸怀大志，"思大有为于天下"。郝经提炼"大有为定基统"，就是要忽必烈以古代圣王为范，设计和创建新王朝。郝经的政治理想是"乱世思治"，希望通过一个开明的蒙古统治者，以儒家政治伦理学说作为指导思想，恢复被打乱了的封建秩序，具体做法就是要学习汉唐盛世的法度。郝经这种观点，代表了那个时代中原士大夫们的基本政治观点。

二是往"深"里提炼。做到公文有深度，就要多问几个"为什么"，像剥洋葱一样层层深入。比如，对当时刚登皇位的忽必烈来说，最核心的事情是什么？最重视的事情是什么？最重要的事情是什么？在郝经看来，最核心的事情是忽必烈的人身安全，"且即位之初，兵卫不彻警也"；最重视的事情是建都，"形势既定，本根既固，则太平可期"；最重要的事情是仿照汉制预立太子储君，"若储贰早定，上下无所觊觎，则一日莫敢争者"。对此，郝经提炼出"严备御以防不虞""定都邑以示形势""定储贰以塞乱阶"三事，并提出相对应的意见。

三是往"精"上提炼。公文为什么要提炼？主要是让内容更精练、更集中、更突出。蒙古国幅员辽阔，以当时的交通和通信条件，很难实现高效管理。因此，郝经提炼出中央政权应"置省部以一纪纲""建监司以治诸侯"等项，指出"若省部既立，名分既定，大总其纲，小持其要，天下事虽众，犹无事也""置监司，以收其权，制其所为，则兵民息肩，而政可立矣"。值得一提的是，"省"本为官署的名称，三国曹魏设有尚书省、中书省，唐、宋等朝也都有中书省、门下省、尚书省官署。但是，把"省"用于行政区划，则始于元代。元英宗时，将全国划分为相当于中央政府的中书省和十一行中书省，其中也有郝经的功劳。

四是往"实"处提炼。让公文接地气，就要结合实际，落到实处。郝经对于蒙古兴起以来的时局和忽必烈面临的使命，有透彻的了解，因而他提炼出的"诛凶渠以示劝惩""亲诸王以庇本根""行宽政以结人心""赦罪戾以去旧污""罢冗官以宽民力""总钱谷以济国用""减吏员以哀良民"等项，忽必烈均采纳并"节次行之"。郝经虽然没有直接参与这些具体改革，但功不可没。

五是往"道"上提炼。这里的"道"，指规律。具体到公文里，就是探寻规律、健全制度、完善机制，写出长期管用的东西。郝经在认定了以忽必烈为首的蒙古统治者"能行中国之道"的前提下，力图用儒家思想影响施以感化，建立一个太平盛世。因此，他提出"坚凝果断以成中兴""扩充诚明以绝猜阻""明赏罚以定功过"等项，多次劝告忽必烈"不辱于君人之名，有功于天下甚大，有德于生民甚厚"。郝经的这种政治理想和抱负，在当时战乱不息、民无安定的状况下，应当说是一种进步的思想。

1260年，忽必烈封郝经为翰林侍读学士，命其出使南宋议和，不料被南宋奸相贾似道秘密囚禁于真州（今江苏仪征），长达16年。1271年，元朝建立。1274年，忽必烈昭告天下，发兵灭宋。1275年，郝经被释放，忽必烈在大都（今北京）皇宫设宴为其接风，并咨以当前政事，厚予赏赉。然而郝经体衰病缠，当年七月病逝，被追封为冀国公，谥号"文忠"。

【原文】

便宜新政
元·郝经

臣经言：臣昨承和者思得圣旨，令臣条奏当今急务，付执政闻奏者。臣谨裁新政便宜十六事上进，不胜惶恐战越之至。条例如左：

一、大有为以定基统。自古帝王之兴，莫不以有为而后可以无为。故舜去四凶①，格有苗，成王伐三监②，诛管、蔡，而后致无为垂衣之治，刑措颂声之美。宋太祖初即位，未有以厌人心，赵普曰："陛下新登宝位，必光耀神武，有以挫英雄之气，服天下之心。"于是亲平三叛，海内以宁。今日之势，不可谓无事，政大有为之时也。当大起师徒，以讨不庭，明其逆顺，使天下知所向。

---

① 四凶，传说为尧、舜时期四个恶名昭著的部族首领。其说不一。
② 三监，指周武王的三个弟弟管叔、蔡叔、霍叔。武王伐纣后，派他们三人监管商遗民，总称三监。

如因仍苟且，为人所先，则衅乱一生，不可猝定矣。

二、严备御以防不虞。国家以雄武自胜，故历朝疏于备御。今日之事，尤非前日，当密会军旅，严为之备，以待不虞。且即位之初，兵卫不彻警也。昔周康王即位，当无事之时，齐侯以虎贲逆子钊于南门之外。先皇帝有备，昔刺木无备，故掩而取之。至于他日无虞，京师宿卫之兵亦当留数万，况非平日之势乎？

三、定都邑以示形势。今日于此建都，固胜前日，犹不若都燕之愈也。燕都东控辽碣，西连三晋，背负关岭，瞰临河朔，南面以莅天下。和林①置一司分，镇御根本；北京、丰靖各置一司分，以为二辅；京兆、南京各置一司分，以为藩屏。夫燕、云，王者之都，一日缓急，便可得万众，虽有不虞，不敢越关岭、逾诸司而出也。形势既定，本根既固，则太平可期。

四、置省部以一纪纲。今之执政，各各奏事，莫相统一，皆令陛下亲决，虽圣明有余，亦不能处置皆当，故奸人得以营惑自私。若省部既立，名分既定，大总其纲，小持其要，天下事虽众，犹无事也。

五、建监司以治诸侯。诸镇诸侯，各握兵民，不可猝罢。当置监司，以收其权，制其所为，则兵民息肩，而政可立矣。

六、诛凶渠以示劝惩。从来乱政害民之人，须诛其尤者。不然则惧死逃去，必为国生事。

七、亲诸王以庇本根。诸王既共推戴，当加之以恩而劝之以义，使尊荣过于前日即可。

八、行宽政以结人心。从来宿弊，可为荡涤。至于今岁丝线、包银，宜分数减免。一切逋负，皆蠲②除之。

---

① 和林，位于今蒙古国境内前杭爱省西北角，蒙古帝国第二代大汗窝阔台汗七年（1235年）在此建都。忽必烈在开平自立为汗并打败阿里不哥后，此地不再是首都。
② 蠲，除去，减免。

九、赦罪戾以去旧污。自来新君即位，必赦天下。且今西北疑阻，人情反侧，诸路打算，重为纷扰。宜行大赦，并罢打算，以慰安元元。

十、罢冗官以宽民力。诸州县管民官，员数可为限定，小处可合并。如乐人、打捕鹰房诸科目名色官吏，皆合罢归，分付管民官。诸色匠人头目尤多，有管三五户者，亦称总管，带金牌，皆合罢去，只一路立一头目，总领造作。天下百姓及匠人，只养官吏亦不能也，此最为急务。如罢去此等，好家门户计补添军民气力，为益甚大。

十一、总钱谷以济国用。天下差发、宣课、交钞、诸色粮，可置一大司分以总之，无入诸路手，不令买扑，则所得皆可为国家用。罢诸路宣课、盐铁官冗员。罢常平仓。虽曰常平仓，实未尝有益于民，但养无用官吏数千百人。

十二、减吏员以哀良民。诸路及州县吏员不限数目，把持官府，结为党与，苦刻良民，纵横为害。合明降一诏旨，大小州县限员数，必令保举，尤污暴者重罪而黜之。

十三、坚凝果断以成中兴。王者初政，莫不锐意，往往不能自坚，鲜克有终。必凝天衷，奋乾刚，群议不能移，断然必行而莫之沮，故能保大定功。汉元帝以优游不断，卒亡汉祚。唐宪宗以果断，破蔡中兴。此其效也。

十四、扩充诚明以绝猜阻。夫逆诈亿不信，圣人所讥。推诚待物，王者之明也。一切小数以干圣听者，皆宜罢绝。

十五、明赏罚以定功过。有功不赏，有罪不诛，虽尧、舜不能以善治。天子无他职事，只分别君子、小人，定其功过而赏罚之，此其职也。

十六、定储贰以塞乱阶。国家数朝代立之际，皆仰推戴，故近世以来，几致于乱，不早定储贰之失也。若储贰早定，上下无所觊觎,则一日莫敢争者。且使朝夕视膳,或出而抚军,守而监国,练达政事,此盛事也。

庚申年四月十七日,臣经上进。(《郝文忠公陵川文集》)

【名言警句】

〖大总其纲,小持其要〗

一项改革的计划书

——明·张居正《请稽查章奏随事考成以修实政疏》

2014年10月23日,习近平总书记在党的十八届四中全会第二次全体会议上讲话时指出:"'天下之事,不难于立法,而难于法之必行。'依法治国是我国宪法确定的治理国家的基本方略,而能不能做到依法治国,关键在于党能不能坚持依法执政,各级政府能不能依法行政。"讲话里的这句引语出自明代张居正的《请稽查章奏随事考成以修实政疏》,而这篇上疏也是张居正改革中的重要举措"考成法"的计划书。

为什么张居正在推行变法的过程中要单独把"考成法"作为改革的一项内容?为什么一篇上疏能够成为一项改革的计划书?先从张居正其人其事说起。

张居正少年时就有神童之称。嘉靖十五年(1536年),12岁的张居正应荆州府试,深得荆州知府李士翱的赏识,为他取名"居正",希望他从小立大志,长大后尽忠报国。嘉靖十九年(1540年),16岁的张居正中举,湖广巡抚顾璘以"国器"视之,甚至"解犀带以赠",而且直言"君异日当腰玉,犀不足溷子",对张居正寄予厚望。嘉靖二十六年(1547年),23岁的张居正中二甲第九名进士,授庶吉士。或许这又一次印证了教育学中的

"第十名效应"，后来的张居正不仅成了这一榜进士中的佼佼者，更成了明代最为著名的政治家。

当时的庶吉士教习，后来的内阁首辅徐阶尤其看好张居正，引导张居正重视经邦济世的学问，努力钻研朝章国故，为他后来走近政治舞台中心奠定了坚实基础。但或许是早年经历太顺，这一时期的张居正还有着青年人的血气方刚，嘉靖二十八年（1549年），张居正模仿西汉贾谊的《陈政事疏》给嘉靖皇帝上了《论时政疏》，痛陈朝廷的行政效率低下，初步整理了自己的改革思路。但当时嘉靖皇帝幽居深宫，首辅严嵩主持朝政，张居正这样一个年轻干部的建议并没有收到任何回复。

嘉靖二十九年（1550年），蒙古俺答汗的部队入寇京师，严嵩内阁一味掩饰糊弄，任由蒙古骑兵在京郊掳掠8日，并允诺俺答汗通贡的诉求。这让青年张居正义愤填膺，看清了严嵩的面目和大明官场的颟顸腐败。嘉靖三十三年（1554年），张居正以生病为由回到家乡，休假3年游山玩水，途中不断访察民情，了解基层的实际情况，也渐渐参悟了为人处世的道理。

嘉靖三十六年（1557年），张居正褪去了年少轻狂，回到翰林院任职，在老师徐阶的庇佑之下，他远离了严嵩和徐阶之间的斗争，先后在国子监、詹士府等文教、秘书机构任职，其间因才学卓著充任裕王府讲官，收获了一生中最重要的政治资本。裕王登基后是为隆庆皇帝，张居正以裕王府旧臣的身份，擢为吏部左侍郎兼东阁大学士，进入内阁，参与朝政。隆庆一朝张居正的政治思想已经日渐成熟，隆庆二年（1568年）撰写的《陈六事疏》基本上描绘了后来万历新政的政治框架。由于深受隆庆皇帝信任，张居正又受任太子朱翊钧的讲师，成为两代帝师。

隆庆六年（1572年），隆庆皇帝驾崩，年仅10岁的小皇帝继位，内阁首辅高拱被逐出内阁，张居正担任首辅一职，再加上他和小皇帝之间的师生关系以及李太后的信任，张居正终于大权在握，开始推行变法。到了这一时期，多年的从政经验告诉他，所有的改革变法，如果行政机关没有执行力，到头来都是竹篮打水一场空。而当时的明朝官僚体系普遍存在着推诿低效、形式主义的问题，所谓的办公到最后变成了"办纸"，所以改革的当务之急就是要建构一个有效的绩效考核体制，后世称为"考成法"。

一、调研实情，用"实效盖鲜"倒逼改革

当时的明朝官场，存在什么严重问题呢？简单说，就是法令得不到落实，行政效率低下。公文开篇，张居正先引用《尚书》里的话说明"询事考言"和"履省"的重要性，紧接着又自己写了一句名言："盖天下之事，不难于立法，而难于法之必行；不难于听言，而难于言之必效。"难在何处呢？就难在当时"询事而不考其终，兴事而不加屡省，上无综核之明，人怀苟且之念"。法令也好、政策也好、意见建议也好，如果没有绩效考核，那么说过的话等于没有说，立过的法等于没有立，明朝官场的现状说明了一切。

当时明朝的官员们，看上去每天都在忙忙碌碌，一封又一封奏折往上递，一条又一条法令往下发，但是"敷奏虽勤，而实效盖鲜"，为什么？是因为所有人都把关注点放在说了什么话、立了什么法、提了什么建议上，似乎把话说了、法立了、建议提了、文件下发了，这事就办完了，可是一到上面追问某件事到底有没有办完、某条法令到底有没有落实的时候，负责的官员要么说"著实举行"，要么说"该科记着"，然后就没有然后了，完全是纸面上办公、口头上办公，就是不去扎扎实实地办事。这样的工作作风，想要办成事，能不难吗？

二、引经据典，用"祖宗成宪"引出办法

张居正很早就发现了法令得不到落实的问题，所以早在隆庆年间就已经上疏，不厌其烦地谈过"重诏令"。张居正想到的办法，就是严肃考核，根据官员绩效制定奖赏和惩戒机制。当时张居正建议各部每下发一个文件，都设立一个对应的"勘合文簿"，给每件事设立一个完成的期限，要求各省、各部在事情完成后限期上报，却仍然没有起到效果。

几年过去，时过境迁，张居正本人位居首辅、大权独揽，当年施行不了的建议现在终于有了落实的机会。即便如此，张居正也依然要引经据典地说明，他的建议绝不是一拍脑袋想出来的，而是《大明会典》里本来就有的3个条款：

一是六科对于各个衙门呈上来的题奏，只要有朱批，都要把它们进行编号管理，列出一个备忘录，把奏疏原文、朱批的指示和这个备忘录交给司礼监备案。

二是各个衙门上奏过的文件，也都要列一个备忘录，5天以内，各个衙门也要根据这些奏疏里提到的事情处理的情况到六科去注销，但凡过期拖延的，六科有权上奏参劾这个部门的官员。

三是凡是在外地的衙门，每年要把六部给它们布置的任务一一核对完成，交给六科检查，然后填写备忘录，由六科保存，以备查考。

那么，这套制度有没有实行过呢？张居正专门查了资料，表示当年确实实行过，也挺有成效。六科每半年把其间备忘录上的事情核查一遍，向上奏报。各个部门则是每半个月一次到六科去把自己这半个月里要做的事注销。这样各个部门办事就有了紧迫感，行政效率就有了保证，各种法令和文件也得以落实。这是明太祖亲自制定的《大明会典》里的制度，但随着时间的推移，当

时的明朝官员已经把这样的制度和这样的政治运行规则当成了陈年往事，好制度没有能够坚持下来。

张居正要做的，就是把这样行之有效的制度重新启用，只不过张居正发现问题的关键不在于制度，而在于人，制度制定得再严密，执行的官员不认真，那就都形同虚设。所以，张居正在这个制度的基础之上提出了解决问题的关键，即谁来考核、如何考核。

三、细化措施，用"事可责成"保障执行

为了保证政令畅通、行政高效，明朝其实是设计了一套方案的，只不过缺少了最重要的监察和惩戒环节。每个官员都兢兢业业、按时完成任务，这固然是最理想的状态，但有人如果不好好工作，会有怎样的后果呢？《大明会典》里只有轻描淡写的一句："过期稽缓者，参奏"。随着国家承平日久、体制僵化，官场上应付的人多，认真的人少，即便完不成任务也没什么后果。就好比今天的企业里，KPI（关键绩效指标）完成与否不影响工资奖金了，那这样的KPI也就毫无意义了。

张居正考成法的高明之处就在于把制度的流转纳入了环环相扣的轨道之中，你只要不完成任务，总有人来弹劾你，而这个轨道的终极责任人是内阁，具体来讲，就是张居正自己。

第一步还是"申明旧章"，《大明会典》里规定的程序要做到，让六科有案可考，要根据事情的轻重缓急订立时限，只要定好的，就别说做不到。

但最紧要的还是"其有转行复勘，提问议处，催督查核等项，另造文册二本，各注紧关略节，及原立程限，一本送科注销，一本送内阁查考"。一方面，要加强对事项的过程管理，通过"转

行复勘""提问议处""催督查核"等方式让全体官员时时保持压力；另一方面，也是最重要的，就是在之前要求的备忘录基础之上，注明每件事的关键点在哪儿、哪些环节可以简略、什么时间之前必须完成等信息。而且这个备忘录要送两本，一本送给六科，另一本送给内阁。

提交备忘录的目的，是让六科去核查，如果发现有事情没有按期完成，那就要求相关部门给出解释，到下一次考核的时候，如果再完不成，那就要弹劾相关官员了。以此类推，直到把所有事情全部完成。

当然，最重要的撒手锏还是明确责任。如果在考核过程中存在徇私舞弊、容隐欺瞒的情况，地方官员有问题，负责这个事的部院来举报弹劾；如果是部院有问题，那就由六科来举报弹劾；如果是六科有问题，张居正毫不掩饰地说了"臣等举之"。说到底，就是把监察百官的最终权力收到了自己手里，环环相扣的制度在自己这里补上最后一个缺口。

奏疏的最后，张居正论证了这样做的好处有两个方面：一方面是直接影响，就是通过持续不断的压力传导，使政策和法令能够有效落地，各级官员能够高效工作；另一方面是间接影响，也让那些拍脑门提建议的人必须三思而后行，仔细考量一下自己的建议是否可行，因为如果自己的建议都是些不切实际的空谈，根本落实不了，那么，提这样的建议就是搬起石头砸自己的脚。张居正相信只要这套考成法运转起来，就足以鞭策整个大明行政系统高效运转起来，各项政策法令也能够落到实处，而万历初年的中兴局面也确实证明了这一点。

通过制度化的安排，张居正在400多年前就已经解决了如何有效考核绩效的问题，但他的方案也存在一个明显的漏洞，就是这套制度的底线是他自己，说到底还是系于他一人的肩上。后来的历史告诉我们,他去世之后继任内阁首辅的张四维在万历皇帝的支持之下废止了张居正改革的许多措施,一度高效运转的大明国家机器也渐渐回到了变法之前。

【原文】

请稽查章奏随事考成以修实政疏

明·张居正

　　臣等窃闻尧之命舜曰,"询事考言,乃言底可绩。"①皋陶之论治曰,"率作兴事,屡省乃成。"②盖天下之事,不难于立法,而难于法之必行;不难于听言,而难于言之必效。若询事而不考其终,兴事而不加屡省,上无综核之明,人怀苟且之念,虽使尧舜为君,禹皋为佐,亦恐难以底绩而有成也。臣等窃见近年以来,章奏繁多,各衙门题复,殆无虚日。然敷奏虽勤,而实效盖鲜。言官议建一法,朝廷曰"可",置邮而传之四方,则言官之责已矣,不必其法之果便否也。部臣议厘一弊,朝廷曰"可",置邮而传之四方,则部臣之责已矣,不必其弊之果厘否也。某罪当提问矣,或碍于请托之私,概从延缓;某事当议处矣,或牵于可否之说,难

---

① "询事考言,乃言底可绩",语出《尚书·尧典》,意为查询、考核所做的事和所说的话,才可以断定能够作出成绩。
② "率作兴事,屡省乃成",语出《尚书·益稷》,原文为"率作兴事,慎乃宪,钦哉!屡省乃成,钦哉!"意为天子作为表率勤政为民,我们要向天子学习,一定要恪尽职守!要时时以天子为榜样警示自己!

于报闻。征发期会，动经岁月，催督稽验，取具空文。虽屡奉明旨，不曰"著实举行"，必曰"该科记着"，顾上之督之者虽谆谆①，而下之听之者恒藐藐②。鄙谚曰，"姑口顽而妇耳顽"，今之从政者殆类于此。欲望底绩而有成，岂不难哉？臣居正当先帝时，曾上《便宜六事》，内《重诏令》一款，亦尝亹亹③言之，随该吏部题复，欲各衙门皆立勘合文簿，事下各抚按官，皆明立程限，责令完报，然亦未闻有如期令而以实应者。甚者寝格④如初。兹遇皇上躬不世出之资，励精图治，百执事亦皆兢兢务修其职业，无敢以玩愒弛废者；独所谓考言覈省者，尚未加之意焉，窃恐致理之道，有未尽也。查得《大明会典》内一款，"凡六科⑤每日收到各衙门题奏本状，奉圣旨者，各具奏目，送司礼监⑥交收；又置文簿，陆续编号，开具本状，俱送监交收"。又一款，"凡各衙门题奏过本状，俱附写文簿，后五日，各衙门具发落日期，赴科注销，过期稽缓者，参奏"。又一款，"凡在外司、府行门，每年将完销过两京六科行移勘合，填写底簿，送各科收贮，以备查考，钦此"。及查见行事例，在六科，则上下半年，仍具奏目缴本；在部院，则上下半月，仍具手本，赴科注销。以是知稽查章奏，自是祖宗成宪，第岁久因循，视为故事耳。请自今伊始，申明旧章，凡六部都察院，遇各章奏，或题奉明旨，或复奏钦依，转行各该衙门，俱先酌量道里远近，事情缓急，立定程期，置立文簿存照，

---

① 谆谆，反复告诫、再三叮咛。
② 藐藐，冷漠轻视。
③ 亹亹，勤勉不倦的样子。
④ 寝格，搁置、阻碍。
⑤ 六科，明清官制设有六科给事中，简称六科，掌侍从、规谏、补阙、拾遗，分察吏、户、礼、兵、刑、工六部之事，纠其弊误，简单说，六科就是负责监督检察六部工作的机构。
⑥ 司礼监，官署名，是明朝内廷管理宦官与宫内事务的"十二监"之一，有提督、掌印、秉笔、随堂等太监，督理皇城内一切礼仪、刑名及管理当差、听事各役，所以司礼监素有"第一署"之称。

每月终注销。除通行章奏不必查考者，照常开具手本外，其有转行复勘，提问议处，催督查核等项，另造文册二本，各注紧关略节，及原立程限，一本送科注销，一本送内阁查考。该科照册内前件，逐一附簿候查，下月陆续完销，通行注簿，每于上下半年缴本，类查簿内事件，有无违限未销。如有停阁稽迟①，即开列具题候旨，下各衙门法问，责令对状。次年春、夏季终缴本，仍通查上年未完，如有规避重情，指实参奏。秋、冬二季亦照此行。又明年仍复挨查。必俟完销乃已，若各该抚、按官，奏行事理，有稽迟延阁者，该部举之。各部、院注销文册，有容隐欺蔽者，科臣举之。六科缴本具奏，有容隐欺蔽者，臣等举之。如此，月有考，岁有稽，不惟使声必中实，事可责成，而参验综核之法严，即建言立法者，亦将虑其终之罔效，而不敢不慎其始矣。致理之要，无逾于此。伏惟圣明裁断施行。(《张太岳集》)

【名言警句】

〖盖天下之事，不难于立法，而难于法之必行；不难于听言，而难于言之必效。〗

〖顾上之督之者虽谆谆，而下之听之者恒藐藐。〗

---

① 稽迟，延迟，滞留。

调研总结类

▲ 北宋·曾巩
《议经费札子》

▲ 北宋·司马光
《进〈资治通鉴〉表》

▲ 清·施琅
《恭陈台湾弃留疏》

▲ 清·林则徐
《钱票无甚关碍宜重禁吃烟以杜弊源片》

质朴见真功

——北宋·曾巩《议经费札子》

"唐宋八大家"的名号谁都知道,但如果要说出这8个人的名字,恐怕不少人会把曾巩遗忘。曾巩出身儒学世家,祖父曾致尧做过礼部、户部郎中,父亲曾易占为太常博士。曾巩天资聪慧,记忆力超群,幼时读诗书,脱口能吟诵,12岁即能为文。

然而,他的求学之路却充满坎坷和艰辛。少年时他痛失爱父,家境衰败,只能辍学回家种田,侍奉继母,抚育4个弟弟、9个妹妹。在维持生计、照顾家人、教导幼小时,他仍时刻不忘发奋读书,直到32岁才娶妻。在《读书》一诗中,曾巩深情回忆了那段艰辛岁月:"苴莩岁云几,家事已独当。经营食众口,四方走遑遑。"命运之神的考验还没完,科举考试,数次落榜,直到38岁那年,曾巩终于进士及第,并最终和他的弟弟、妹夫们留下"曾家一门同榜六进士"的佳话。

踏入仕途后,曾巩担任地方官12年,历任齐州、襄州、洪州、福州、明州、亳州、沧州等知州。曾巩的施政风格是勤政务实,尤其在涉及百姓切身利益的问题上,能够从实际出发,为百姓着想,真正为官一任、造福一方。他致力于平反冤狱、维护治安、打击豪强、抵制兼并、兴修水利、减赋救灾、兴办学校、削减公文、整顿吏治，均成效卓著，政绩斐然。当他任满离开时，有百姓紧闭城门，极力挽留，不愿意其离开。

曾巩的散文、诗歌、公文，都有自己的鲜明风格。作为欧阳修的得意门生，曾巩一生追随老师，投身于轰轰烈烈的诗文革新运动，反对以西昆体为代表的浮靡文风，主张对诗、文进行革新，提倡平实朴素的文风，提倡文章要有用于当世。曾巩也身体力行着他的道德理想，写出的文章平实、质朴、含蓄、典雅，以至欧阳修不仅当面告诉他"过吾门者百千人，独于得生为喜"，还在赠给友人的诗中写道："吾奇曾生者，始得之太学。初谓独轩然，百鸟而一鹗。"大致意思就是，曾巩是自己所有学生中最出众者，没有之一。王安石对曾巩也是倍加推崇，他在《赠曾子固》中这样夸赞曾巩的文采："曾子文章众无有，水之江汉星之斗。"他还在赠给友人的一则《答段缝书》中提及"巩文学论议，在某交游中不见可敌"，直白地表示在自己所有的朋友中，文章水平之高无人能够与之匹敌。苏轼对曾巩也是钦佩不已，还专门请曾巩为自己的伯父写墓志铭，在《送曾子固公式越得燕字》中说："醉翁门下士，杂沓难为贤。曾子独超轶，孤芳陋群妍。"《宋史·曾巩传》这样评价曾巩："立言于欧阳修、王安石间，纡徐而不烦，简奥而不晦，卓然自成一家，可谓难矣。"

或许因为自己务实的作风，曾巩的文章从不堆砌辞藻，更不刻意煽情，典故能避则避，甚至很少能找到几条传诵古今的名句。因此，曾巩的文章很难在坊间流传，他的名字也常常被大众所忽略。但是很多有学之士，都能读出曾巩文章的非凡、独到之处，都会承认其"唐宋八大家"的称谓实至名归。

曾巩宦海浮沉，一生写了许多公文，通过对《曾巩集》进行整理以及其他文本的搜集，共有330多篇。除代笔的制诰、诏，大多因当时更新官制所作的用于封拜高级官员、颁行重大制度的公文外，他的公文或谢辞贺文，或抒发报国之志；或针砭时弊，研讨治国之道；或为民请命，关注民生疾苦，无不反映了曾巩对国计民生一如既往的关怀与思考。其中的《议经费札子》，极其端正规范、严谨务实，堪称后世官方文件的范文样式。

曾巩生活在一个充满危机与变革的时代，他目睹了北宋前期"积贫积弱"的困局，经历了夭折的庆历新政和阻力重重的王安石变法。但曾巩所处的社会地位及其个人经历，又决定了他既不可能像范仲淹、王安石等人那样充满改革精神而倡导变革，又不可能像一些士大夫那样一味清谈礼义道德而无所事事，而是关心时政、尽力有为。针对北宋中期国贫民困的危局，曾巩主张节省财政开支，减轻百姓负担，以缓解日益严重的社会矛盾和财政危机。元丰三年（1080年），曾巩改任沧州知州，途经京城开封时，上书了这篇《议经费札子》。

一、以理服人，平和冲淡的情感表达

在纸张发明以前，札子本来是古人用来书写文字的竹木片，后来人们也把写在木简上的文书称为"札"。到了两宋时期，札子成为官厅衙署普遍应用的一种公文的名称。欧阳修《归田录》云："唐人奏事，非表非状者谓之榜子，亦谓之录子，今谓之札子。"在中国古代，公文的写作主体一般为官员本人，公文的写作受体一般是官员或皇帝本人，写作者、写作对象的私人化意味着古代公文要根据写作受体意志行文。

曾巩的公文擅长以理服人，他将自己的情感隐含到说理中、蕴藏在所举的例子中，平和冲淡，细细品来便觉回味无穷。在《议经费札子》中，针对冗员冗费这一问题，曾巩不是空洞地进行说教，而是像会计一样，用具体的数据对景德、皇祐和治平三朝费用开支情况进行了对比分析,"景德户七百三十万,垦田一百七十万顷;皇祐户一千九十万,垦田二百二十五万顷;治平户一千二百九十万,垦田四百三十万顷。天下岁入,皇祐、治平皆一亿万以上,岁费亦一亿万以上。景德官一万余员,皇祐二万余员,治平并幕职,州县官三千三百余员,总二万四千员。景德郊费六百万,皇祐一千二百万,治平一千三百万。以二者校之,官之众一倍于景德,郊之费亦一倍于景德"。每一个数字,都是沉甸甸的。曾巩深知基层民情,知道什么才是最重要的,用数字和实情说话,要比辞藻更有力量。

曾巩还善于挖掘史实支撑自己的公文,引经据典、征古引今是他常用来说理的手段。《议经费札子》开篇,曾巩列举汉文帝、唐太宗、汉武帝、唐明皇为正反之例,说明"用之有节,则天下虽贫,其富易致也""用之无节,则天下虽富,其贫亦易致也"。这一方式掩盖了他的迫切之情,情感的理性含藏与其自身的儒学气息交织,汇聚到他的公文中,平淡平和却不寡味,有一种醇厚古雅之感。

二、完整严密,讲究法度的结构安排

曾巩的公文讲究法度、整饬严谨,严格遵循一事一文的行文规范,不管如何谋篇布局都只围绕一个主题展开,很少有旁逸斜出、错综倒置;在构思安排上注意有启有结,照应严密,力避文章错杂,力求让受文者能读出自己的意图。

在《议经费札子》中,曾巩对景德、皇祐、治平三朝官员和郊费数量进行比较后,针对如何节用提出的办法是:有司对这两项费用进行核查,找出增加的原因,然后根据实际来删减,最后达到这样一个目的——使皇祐、治平年间的岁入不减少,而所费如景德年间。其他的费用也这样来处理。"诚诏有司按寻载籍，而讲求其故，使官之数、入者之多门可考而知，郊之费、用财之多端可考而知。然后各议其可罢者罢之，可损者损之。使天下之人，如皇祐、治平之盛，而天下之用、官之数、郊之费皆同于景德，二者所省者盖半矣。则又以类而推之。天下之费，有约于旧而浮于今者，有约于今而浮于旧者。其浮者必求其所以浮之自而杜之，其约者必本其所以约之由而从之。"并且结合北宋当时国情提出具体的"十之三"的财政储备制度：每年岁入按 10 万万来计算，节省 1/10 的话，则每年就可有 1 万万的蓄积；若是节省 3/10，每年就可蓄积 3 万万，30 年就有 90 万万，这样国家就会很富裕。全文逻辑缜密，层层推进的结构给人开阔明朗、严谨细密、说理通脱的感觉。对此，宋神宗评价："（曾）巩以节用为理财之要，世之言理财者，未有及此也。"

三、言简意赅，平易质朴的语言表达

曾巩认为公文写作应"经世致用"。《议经费札子》用语精练、言简意赅，在涉及政策相关的话题时，更是通俗易懂，没有浓丽的色彩、夸张的修饰，而是用浅近的、质朴的话语表达自己的思想。除了不拘泥于四六对句，在用典上也力避冷僻、怪诞，并常用自己的话加以解释，引入平易的语言风格。同时，曾巩时刻遵循公文语言的规矩，用词妥帖，如文中使用的"伏惟"等请求敬辞，"诚不自揆""敢献其区区之愚"等谦敬用语，"惟陛下裁择""取进止"等工作用语，无论是称谓，还是征询、谦敬用语，都体现出了严格的规范。南宋朱熹曾说："予读曾氏书，未尝不掩卷废书而叹，何世之知公浅也""爱其词严而理正，居尝诵习"。

【原文】

议经费札子

北宋·曾巩

臣闻古者以三十年之通制国用，使有九年之蓄。而制国用者，必于岁杪①，盖量入而为出。国之所不可俭者，祭祀也。然不过用数之仂②，则先王养财之意可知矣。盖用之有节，则天下虽贫，其富易致也。汉唐之始，天下之用常屈矣，文帝、太宗能用财有节，故公私有余，所谓天下虽贫，其富易致也。用之无节，则天下虽富，其贫亦易致也。汉唐之盛时，天下之用常裕矣，武帝、明皇不能节以制度，故公私耗竭，所谓天下虽富，其贫亦易致也。

宋兴，承五代之敝，六圣相继，与民休息，故生齿既庶，而财用有余。且以景德、皇祐、治平校之：景德户七百三十万，垦田一百七十万顷；皇祐户一千九十万，垦田二百二十五万顷；治平户一千二百九十万，垦田四百三十万顷。天下岁入，皇祐、治平皆一亿万③以上，岁费亦一亿万以上。景德官一万余员，皇祐二万余员，治平并幕职，州县官三千三百余员，总二万四千员。景德郊费六百万，皇祐一千二百万，治平一千三百万。以二者校之，官之众一倍于景德，郊之费亦一倍于景德。官之数不同如此，则皇祐、治平入官之门多于景德也。郊之费不同如此，则皇祐、治

---

① 岁杪，即年底、岁末，出自《礼记·王制》："冢宰制国用，必于岁之杪，五谷皆入，然后制国用。"
② 仂，古时指余数、零数。
③ 亿万，古时计数方法以十万为亿，一亿万即为十万万。

平用财之端，多于景德也。诚诏有司按寻载籍，而讲求其故，使官之数、入者之多门可考而知，郊之费、用财之多端可考而知。然后各议其可罢者罢之，可损者损之。使天下之入，如皇祐、治平之盛，而天下之用、官之数、郊之费皆同于景德，二者所省者盖半矣。则又以类而推之。天下之费，有约于旧而浮于今者，有约于今而浮于旧者。其浮者必求其所以浮之自而杜之，其约者必本其所以约之由而从之。如是而力行，以岁入一亿万以上计之，所省者十之一，则岁有余财一万万。驯致不已，至于所省者十之三，则岁有余财三万万。以三十年之通计之，当有余财九亿万，可以为十五年之蓄。自古国家之富，未有及此也。

古者言九年之蓄者，计每岁之入存十之三耳，盖约而言之也。今臣之所陈，亦约而言之。今其数不能尽同，然要其大致，必不远也。前世于凋敝之时，犹能易贫而为富。今吾以全盛之势，用财有节，其所省者一，则吾之一也，其所省者二，则吾之二也。前世之所难，吾之所易，可不论而知也。

伏惟陛下冲静质约，天性自然。乘舆器服，尚方所造，未尝用一奇巧。嫔嫱左右，掖庭之间，位号多阙。躬履节俭，为天下先。所以忧悯元元，更张庶事之意，诚至恻怛，格于上下。其于明法度以养天下之财，又非陛下之所难也。臣诚不自揆，敢献其区区之愚，惟陛下裁择，取进止。(《曾巩集》)

【名言警句】

〖盖用之有节，则天下虽贫，其富易致也。〗

〖用之无节，则天下虽富，其贫亦易致也。〗

总结汇报的几个要素

——北宋·司马光《进〈资治通鉴〉表》

司马光少有才名，独好史书。据说他7岁时不仅能背诵《左氏春秋》，还能讲出书中要义。按他自己的话说，就是"独于前史，粗尝尽心，自幼至老，嗜之不厌"。自进士及第后，司马光历仕北宋仁宗、英宗、神宗、哲宗四朝，官至宰相，谥号文正。

纵观司马光的一生，大致可以用一句话勾勒：反对变法、编纂《资治通鉴》。他虽在政治上反对王安石变法，但从其留下的30余万字的奏议来看，反对新法的奏议不到1/3，其他大部分涉及的都是经世治国理民之道，如《劝农札子》《节用札子》等。在文章上，他提倡可用之文，推崇文以载道，其文字简明、流畅、朴实、古雅，这些风格特点，在《资治通鉴》中一览无遗，也可以从《进〈资治通鉴〉表》中窥探一二。

《资治通鉴》的雏形是个课件，司马光为了给英宗皇帝讲好课，就要备课，备课时就要把关键信息从卷帙浩繁的史书中提炼出来、总结出来，于是有了《通志》，从三家分晋讲到秦朝灭亡，共8卷。皇帝很认可这部教材，鼓励他继续编写下去，于是设立了书局，还配备了刘攽、刘恕两位助手，正式组建编写组，自此这部史书由私修变为官修。到后来，范祖禹、司马康陆续加入。

一年后,英宗去世,神宗即位。新"领导"上任没多久,继续由司马光授课,其间,神宗皇帝根据《诗经》中的"商鉴不远,在夏后之世",将《通志》改名为《资治通鉴》,并亲自作序,要求这部著作完成时收入这篇序言。

不过,因反对王安石变法,司马光自请离京到永兴军路(今陕西西安)任职。刚干了一年,还是因为变法的事,为好友鸣不平,他又自请去洛阳的西京留司御史台担任闲差,从此之后,远离政坛,专心著书。这就是《进〈资治通鉴〉表》中所说的:"会差知永兴军,以衰疾不任治剧,乞就冗官。陛下俯从所欲,曲赐容养,差判西京留司御史台及提举西京嵩山崇福宫,前后六任,仍听以书局自随,给之禄秩,不责职业""违离阙庭,十有五年"。

《资治通鉴》的编写前后历时19年,参考资料三四百种、六七千万字,实际参与成员只有五六人。这部上迄战国、下至五代,正文294卷、目录30卷、考异30卷、共354卷、300多万字的鸿篇巨制完成时,司马光已经66岁,几乎耗尽了全部心血。这一过程和感悟集中体现在这篇《进〈资治通鉴〉表》里,奏表不长,但逻辑清晰、要言不烦,为我们提供了这样一个范本,即一项重要工作完成后,如何写汇报。其基本有5个要素:

一是讲概貌,注重简明扼要。奏表第一段简明介绍了《资治通鉴》的成书过程,总共三句话,一句话一层意思,无一句赘言。第一句讲的是由来,奉旨编写历代群臣事迹;第二句是核心信息,皇帝亲自命名为《资治通鉴》;第三句交代结果,表明该工作已经完成。

二是讲缘由,突出意图意义。主要回答了两个问题。第一个问题是为什么要开展这项工作。原因是历代以来的史书繁多,皇帝看不过来,所关心的重要信息也被淹没在了大量的文字里,所以要"删削冗长,举撮机要",把事关国家兴衰和生民休戚的论述提炼出来，去粗存精，"鉴于往事，有资于治道"。实际上，这是讲了开展这项工作的重要意义。第二个问题是为什么选择"我"来主持这项工作。是因为自己对于史学的钻研，同时司马光还表示，这项工作单靠个人是完成不了的，要靠组织的力量。

三是讲过程，注重客观实在。先说领导重视。领导的重视是具体的，体现在实际支持力度上，包括给机会，在领导的支持下，个人"夙昔所愿，一朝获伸"；给资助，提供工作场地、书籍资料，还有皇家的笔墨纸砚、皇帝的私房钱，等等，这种支持力度可以说"近臣莫及"；给荣誉，新领导上任后，亲自为书稿作序、取名，还开办学习班，这就相当于对这项工作高度认可，实质是给了极高的荣誉；给空间，也就是给权限，虽然司马光有正式任命的本职工作，但不要求上班、薪水照发，且可以自己选人组班子，这就给全力编书留足了空间。

既然两任领导都这么重视，那只有拼命地干，"臣既无他事，得以研精极虑，穷竭所有，日力不足，继之以夜"。于是，顺理成章地再说工作成绩。先是简要说明怎么干，翻遍了浩如烟海的正史、杂史、文集、文论、实录等资料和档案，认真选择史料，严谨仔细核校。在这里，司马光只是择其要者，简单勾勒，实际工作要复杂得多。比如，大的程序就有三道，第一道是编丛目，以年、月、日为顺序整理材料，相当于对长达1362年的历史建立一个大事记；第二道是长编，把所有能看到的资料摘编出来，放在丛目之下，原则是"宁失于繁，无失于略"，相当于建资料库、数据库；第三道是定稿，就是对资料考订取舍，再统稿写作，修辞润色，直至定稿。再把成果呈现出来，这部分说的是篇目结构，属于成果简介，客观摆出就好，不需要多加渲染。

四是讲体会，突出成果价值。这篇奏表的最后一部分，以抒发体会和感悟谈工作的成果价值，充满了感情色彩，适当表现付出与辛苦，又对如何运用好这项成果提出了自己的建议。大概的意思是，自己虽远离国家权力中枢15年，但朝夕惦念陛下，只是为人驽钝，只有做好著书工作，以报答陛下恩情，就像水滴与尘土般，稍增大海之深、山岳之高；自己已倾尽了所有精力写成此书，希望陛下抽空读一读，如能"监前世之兴衰，考当今之得失，嘉善矜恶，取是舍非"，必将创造空前盛世，造福四海群生。

五是要谦卑，不居功。《周易》64卦中，卦卦好坏参半，唯独谦卦，只有好没有坏，包括司马光在内的许多名臣将相都笃信此理、躬身践行，对于取得的成绩从不居功自傲，谨慎而谦卑。《进〈资治通鉴〉表》里，这种态度充斥字里行间，比如，对于自己的专业所长，谦称"性识愚鲁，学术荒疏，凡百事为，皆出人下"；对于领导的信任，"常不自揆""惟惧不称"；对于取得的成绩，认为这部著作由于时间跨度长、篇幅大，难免有自相矛盾之处、评论不当之处，所以"罪责之重，固无所逃"，等等。司马光所处的时代，决定了他所执的是君臣之礼，不能与现代社会简单类比，但其谦卑姿态是值得我们学习的。

【原文】

进《资治通鉴》表

北宋·司马光

臣光言：先奉敕编集历代君臣事迹，又奉圣旨赐名《资治通鉴》，今已了毕者。

伏念臣性识愚鲁，学术荒疏，凡百事为，皆出人下，独于前史，粗尝尽心，自幼至老，嗜之不厌。每患迁、固①以来，文字繁多，自布衣之士，读之不遍，况于人主，日有万机，何暇周览！臣常不自揆，欲删削冗长，举撮机要，专取关国家盛衰，系生民休戚，善可为法，恶可为戒者，为编年一书。使先后有伦，精粗不杂，私家力薄，无由可成。

伏遇英宗皇帝，资睿智之性，敷文明之治，思历览古事，用恢张大猷，爰诏下臣，俾之编集。臣夙昔所愿，一朝获伸，踊跃奉承，惟惧不称。先帝仍命自选辟官属，于崇文院置局，许借龙图、天章阁、三馆、秘阁书籍，赐以御府笔墨缯帛及御前钱以供果饵，以内臣为承受，眷遇之荣，近臣莫及。不幸书未进御，先帝违弃群臣。陛下绍膺大统，钦承先志，宠以冠序②，锡之嘉名，每开经筵，常令进读。臣虽顽愚，荷两朝知待如此其厚，陨身丧元，未足报塞，苟智力所及，岂敢有遗！会差知永兴军，以衰疾不任治剧，乞就冗官。陛下俯从所欲，曲赐容养，差判西京留司御史台③及提举西京嵩山崇福宫④，前后六任，仍听以书局自随，给之禄秩，不责职业。臣既无他事，得以研精极虑，穷竭所有，日力不足，继之以夜。遍阅旧史，旁采小说，简牍盈积，浩如烟海，抉摘幽隐，校计毫厘。上起战国，下终五代，凡一千三百六十二年，修成二百九十四卷；又略举事目，年经国纬，以备检寻，为目录三十卷；又参考群书，评其同异，俾归一途，为考异三十

---

① 迁、固，指《史记》著者司马迁、《汉书》著者班固。
② 冠序，指在卷首作序。
③ 西京留司御史台，指西京（今河南洛阳）留守司御史台，职责是行香、上奏章和弹劾违失。叶梦得《石林燕语》记载，司马光"熙宁、元丰间相继为者十七年，虽不甚预府事，然亦守其法令甚严，如国忌行香等，班列有不肃，亦必绳治"。
④ 崇福宫，北宋西京地区的重要宫观，也是西京留守司下辖的分司机构之一。

卷：合三百五十四卷。自治平①开局，迨今始成，岁月淹久，其间抵牾，不敢自保，罪负之重，固无所逃。臣光诚惶诚惧，顿首顿首。

重念臣违离阙庭，十有五年，虽身处于外，区区之心，朝夕寤寐，何尝不在陛下之左右！顾以驽蹇，无施而可，是以专事铅椠②，用酬大恩，庶竭涓尘，少裨海岳。臣今骸骨癯瘁，目视昏近，齿牙无几，神识衰耗，目前所为，旋踵遗忘。臣之精力，尽于此书。伏望陛下宽其妄作之诛，察其愿忠之意，以清闲之宴，时赐省览，监前世之兴衰，考当今之得失，嘉善矜恶，取是舍非，足以懋稽古之盛德，跻无前之至治。俾四海群生，咸蒙其福，则臣虽委骨九泉，志愿永毕矣。

谨奉表陈进以闻。臣光诚惶诚惧，顿首顿首，谨言。（《资治通鉴》）

【名言警句】

〔关国家盛衰，系生民休戚〕

〔监前世之兴衰，考当今之得失，嘉善矜恶，取是舍非〕

【成语来源】

浩如烟海——〔简牍盈积，浩如烟海，抉摘幽隐，校计豪厘。〕

---

① 治平，指宋英宗年号，《资治通鉴》起编。
② 铅椠，指编纂事务。

公文写作的四个"点"

——清·施琅《恭陈台湾弃留疏》

1661年,郑成功率部驱逐荷兰殖民者,使台湾回到祖国的怀抱。20多年后,一位威震海疆的独眼将军,率军讨台,使台湾纳入大清版图,实现了中国统一,他就是福建水师首任提督、靖海将军、靖海侯施琅。

1662年郑成功逝世,其子郑经继位,提出所谓"台湾非中国版图"的谬论,意在分裂割据。他宣称自己已"横绝大海,启国东宁",自成"一国",要求清廷待以外国之礼,"比同朝鲜"。康熙朝廷认为"朝鲜系从来所有之外国,郑经乃中国之人",断然拒绝其独立。在长期谈判无果的情况下,1683年6月,施琅奉旨率兵东进澎湖,重创郑氏守军有生力量,取得澎湖大捷。台湾郑氏集团见大势已去,放弃抵抗而就抚,台岛不战而下。8月13日,施琅亲往台湾受降。

郑氏归清后,在朝廷内部产生了一场对台湾的弃留之争。许多大臣对台湾的战略地位缺乏认识,主张"弃其地,迁其人"。康熙皇帝也一度表示赞同,认为"海贼疥癣之疾,台湾仅弹丸之地,得之无所加,不得无所损"。看到朝野上下弃守之声高涨,施琅心急如焚,于1683年12月22日写下了著名的《恭陈台湾弃留疏》,

坚决主张驻守台湾。

《恭陈台湾弃留疏》共 2000 余字，是一篇有关台湾重要战略地位的精辟论述。从公文角度来看，这篇奏疏事实详尽、眼光独到、筹划精当，堪称调研类报告的典范。

一是找亮点。即选择一个事物最有意义的方面来写。譬如一块宝石，每一面折射出的光线都不相同，要找出最炫耀夺目的那一面来。施琅开篇就从台湾及祖国东南沿海地区的战略地理分析展开陈述，他在文中写道："台湾地方，北连吴会，南接粤峤，延袤数千里，山川峻峭，港道纡回，乃江、浙、闽、粤四省之左护。"短短三十几个字，就把台湾重要的战略地位说得清清楚楚。

二是找焦点。即选择一个事物最有特色的局部为侧重点来写。就像摄影"对焦"一样，公文写作也有一个找准焦点的问题。反映工作动态、总结新鲜经验、研究现实问题，有时需要从整体上、全貌上去写；有时需要缩小角度，从一个局部或一点上来展开，集中一点，易于深入。施琅一向视台湾、澎湖为一体。他极力反对弃台，也不赞成弃台守澎的意见。他以此为焦点写道："如仅守澎湖，而弃台湾，则澎湖孤悬汪洋之中，土地单薄，界于台湾，远隔金厦，岂不受制于彼而能一朝居哉？是守台湾则所以固澎湖。"主张"台湾、澎湖，一守兼之。沿边水师，汛防严密，各相掎角，声气关通，应援易及，可以宁息"。接着他以历史见证者的视角，用战略家的眼光，以史为鉴，严肃地指出："昔日郑逆所以得负抗逋诛者，以台湾为老窠，以澎湖为门户，四通八达，游移肆虐，任其所之。我之舟师，往来有阻。"

三是找新点。即选择新的观察点来认识事物、研究问题。调研报告、信息、简报中，很多是研究问题的，而现实政治、经济生活中的问题往往又很集中，这就造成了就同一个问题许多人去研究、常年研究的现象。为了防止雷同，对同一问题或别人已研究过的问题，就需要寻找一个新的观察点，从新的角度来研究。在奏疏中，施琅还从国际斗争的角度，即当时的荷兰殖民者对台湾的垂涎，深入分析了弃台不守可能给国家安全环境造成更加严重的"内忧外患"的危害。他特别写道："此地原为红毛住处，无时不在涎贪，亦必乘隙以图。一为红毛所有，则彼性狡黠，所到之处，善能鼓惑人心。重以夹板船只，精壮坚大，从来乃海外所不敌。未有土地可以托足，尚无伎俩；若以此既得数千里之膏腴复付依泊，必合党伙窃窥边场，迫近门庭。此乃种祸后来，沿海诸省，断难晏然无虑。至时复动师远征，两涉大洋，波涛不测，恐未易再建成效。"

四是找视点。即从上级领导的注视点来选择写作角度，确定材料的侧重点，使之既简明扼要，又有参考价值。为打消皇帝认为台湾是海外泥丸之地、无足轻重的想法，施琅以身临其境的实地考察为依据，写道："臣奉旨征讨，亲历其地，备见野沃土膏，物产利溥，耕桑并耦，鱼盐滋生，满山皆属茂树，遍处俱植修竹。硫磺、水藤、糖蔗、鹿皮，以及一切日用之需，无所不有。向之所少者布帛耳，兹则木棉盛出，经织不乏。且舟帆四达，丝缕踵至，饬禁虽严，终难杜绝。实肥饶之区，险阻之域。逆孽乃一旦凛天威，怀圣德，纳土归命；此诚天以未辟之方舆，资皇上东南之保障，永绝边海之祸患，岂人力所能致？"十分具体地陈述了台湾的富饶、有无限的发展前景和将台湾纳入版图的重要意义。

与此同时，施琅又提出了守台的具体建议，分析了军费问题，认为不会增加清廷的财政负担。即在"台湾设总兵一员、水师副将一员、陆师参将二员，兵八千名；澎湖设水师副将一员，兵二千名。通共计兵一万名，足以固守"。因为"海氛既靖，内地溢设之官兵，尽可陆续汰减，以之分防台湾、澎湖两处"，所以"无添兵增饷之费"。或者"寓兵于农，亦能济用，可以减省，无庸尽资内地之转输也"。施琅的这些设想思虑周详，为清廷治理台湾描绘了一幅蓝图。

在文中的最后一个部分，施琅重申台湾断无放弃的道理，实为全疏的一个精彩总结。施琅认为："盖筹天下之形势，必求万全。台湾一地，虽属外岛，实关四省之要害。勿谓被中耕种，犹能少资兵食，固当议留；即为不毛荒壤，必藉内地挽运，亦断断乎其不可弃。"在关系到国家民族根本利益的台湾弃留问题上，他斩钉截铁地给出结论："弃之必酿成大祸，留之诚永固边圉。"

施琅的《恭陈台湾弃留疏》言辞恳切、入情入理、振聋发聩，引起了康熙皇帝的重视。看到奏疏后的不到一个月，皇帝明确宣布："台湾弃取，所关甚大。""弃而不守，尤为不可。"根据康熙皇帝的命令，清政府在台湾设1府3县，置巡道、总兵各1员，副将1员，参将2员，兵8000，驻防台湾；澎湖设副将1员，兵2000驻守，隶属于福建省。台湾的行政建制与中国大陆划一。台湾的历史掀开了新的一页。

施琅力主留台守台、巩固边防、维护统一，防止外来侵略，对国家民族作出了重大的贡献。1696年施琅病逝，享年76岁。康熙皇帝闻讯，痛心不已，下令厚葬，加赠太子太傅，谥号襄壮，并在泉州府学前建祠纪念。至今闽南各地纪念施琅的牌坊、祠堂、碑文仍随处可见。

恭陈台湾弃留疏

清·施琅

　　太子少保、靖海将军、靖海侯、兼管福建水师提督事务、臣施琅谨题。为恭陈台湾弃留之利害、祈睿裁事：窃照台湾地方，北连吴会，南接粤峤①，延袤数千里，山川峻峭，港道迂回，乃江、浙、闽、粤四省之左护；隔离澎湖一大洋，水道三更余遥。查明季设水澎标②于金门所，出汛至澎湖而止，水道亦有七更余遥。台湾一地，原属化外，土番杂处，未入版图也。然其时中国之民潜至、生聚于其间者，已不下万人。郑芝龙为海寇时，以为巢穴。及崇祯元年，郑芝龙就抚，将此地税与红毛③为互市之所。红毛遂联络土番，招纳内地人民，成一海外之国，渐作边患。至顺治十八年，为海逆郑成功④所攻破，盘踞其地，纠集亡命，挟诱土番，荼毒海疆，窥伺南北，侵犯江、浙。传及其孙克塽，六十余年，无时不仰厪宸衷⑤。

　　臣奉旨征讨，亲历其地，备见野沃土膏，物产利溥⑥，耕桑并耦，鱼盐滋生，满山皆属茂树，遍处俱植修竹。硫磺、水藤、糖蔗、鹿皮，以及一切日用之需，无所不有。向之所少者布帛耳，兹则木棉盛出，经织不乏。且舟帆四达，丝缕踵至，饬禁虽严，终难杜绝。实肥饶之区，险阻之域。逆孽乃一旦凛天威，怀圣德，

---

① 粤峤，广东，岭南。
② 标，清军制，督抚等管辖的绿营兵称标，一标有三营。
③ 红毛，明清时称荷兰殖民者为红夷或红毛。
④ 郑成功，清初民族英雄。清兵入闽，其父郑芝龙迎降，他哭谏不听，遂起兵反清。清顺治十八年（1661年）登陆台湾，击败、驱逐荷兰侵略军，次年收复台湾。
⑤ 仰厪宸衷，厪，意为勤劳；宸，北极星，指帝王；宸衷，皇帝的心意。
⑥ 溥，普遍。

纳士归命；此诚天以未辟之方舆，资皇上东南之保障，永绝边海之祸患，岂人力所能致？

夫地方既入版图，土番、人民，均属赤子。善后之计，尤宜周详。此地若弃为荒陬，复置度外，则今台湾人居稠密，户口繁息，农工商贾，各遂其生，一行徙弃，安土重迁，失业流离，殊费经营，实非长策。况以有限之船，渡无限之民，非阅数年难以报竣。使渡载不尽，苟且塞责，则该地之深山穷谷，窜伏潜匿者，实繁有徒，和同土番，从而啸聚，假以内地之逃军闪民，急则走险，纠党为祟，造船制器，剽掠滨海；此所谓藉寇兵而赍盗粮，固昭然较著者。甚至此地原为红毛住处，无时不在涎贪，亦必乘隙以图。一为红毛所有，则彼性狡黠，所到之处，善能鼓惑人心。重以夹板船只，精壮坚大，从来乃海外所不敌。未有土地可以托足，尚无伎俩；若以此既得数千里之膏腴复付依泊，必合党伙窃窥边场，迫近门庭。此乃种祸后来，沿海诸省，断难晏然无虑。至时复动师远征，两涉大洋，波涛不测，恐未易再建成效。如仅守澎湖，而弃台湾，则澎湖孤悬汪洋之中，土地单薄，界于台湾，远隔金厦，岂不受制于彼而能一朝居哉？是守台湾则所以固澎湖。台湾、澎湖，一守兼之。沿边水师，汛防严密，各相掎角，声气关通，应援易及，可以宁息。况昔日郑逆所以得负抗逋诛者，以台湾为老窠，以澎湖为门户，四通八达，游移肆虐，任其所之。我之舟师，往来有阻。今地方既为我得，在在官兵，星罗棋布，风期顺利，片帆可至，虽有奸萌，不敢复发。臣业与部臣苏拜、抚臣金𨱇等会议之中。部臣、抚臣未履其地，去留未敢进决；臣阅历周详，不敢遽议轻弃者也。

伏思皇上建极以来，仁风遐扬，宜声远播，四海宾贡，万国咸宁；日月所照，霜露所坠，凡有血气，莫不臣服。以斯方拓之土，奚难设守，以为东南数省之藩篱？且海氛既靖，内地溢设之官兵，尽可陆续汰减，以之分防台湾、澎湖两处。台湾设总兵一员、水师副将一员、陆师参将二员，兵八千名；澎湖设水师副将一员，兵二千名。通共计兵一万名，足以固守。又无添兵增饷之费。其防守总兵、副、参、游等官，定以三年或二年转升内地，无致久任，永为成例。在我皇上优爵重禄，推心置腹，大小将弁，谁不勉励竭忠？然当此地方初辟，该地正赋、杂饷，殊宜蠲豁。见在一万之兵食，权行全给。三年后开征，可以佐需。抑亦寓兵于农，亦能济用，可以减省，无庸尽资内地之转输也。

　　盖筹天下之形势，必求万全。台湾一地，虽属多岛，实关四省之要害。勿谓彼中耕种，犹能少资兵食，固当议留；即为不毛荒壤，必藉内地挽运，亦断断乎其不可弃。惟去留之际，利害攸系，恐有知而不言。如我朝兵力，比于前代，何等强盛，当时封疆大臣，无经国远猷，矢志图贼，狃于目前苟安为计，划迁五省边地以避寇患，致贼势愈炽而民生颠沛。往事不臧，祸延及今，重遗朝廷宵旰之忧。臣仰荷洪恩，天高地厚，行年六十有余，衰老浮生，频虑报称末由。熟审该地形势，而不敢不言。盖臣今日知而不言，至于后来，万或滋蔓难图，窃恐皇上责臣以缄默之罪，又焉所自逭？故当此地方削平，定计去留，莫敢担承，臣思弃之必酿成大祸，留之诚永固边圉。会议之际，臣虽谆谆极道，难尽其词。在部臣、抚臣等耳目未经，又不能尽悉其概，是以臣于会议具疏之外，不避冒渎，以其利害自行详细披陈。但事关朝廷封疆重大，弃留出自乾断外，台湾地图一张，附马塘递进御览。缘系条议台湾去留事宜，贴黄难尽，伏乞皇上睿鉴施行。(《靖海纪事》)

【名言警句】

〖盖筹天下之形势，必求万全。〗

破中有立，让观点更具说服力

——清·林则徐《钱票无甚关碍宜重禁吃烟以杜弊源片》

销禁鸦片，特别是虎门销烟，是清代大臣林则徐最广为人知的事迹、最气壮山河的壮举，但他的经历与功望远不止于此。有晚清学者评价，林文忠公"皆以一时贻百世之利，一心布万民之泽"，说的是林则徐一生致力于扶国家之危、救民生之困，敢为天下先，有着许多影响后世的超前创举，而他本人也确如自己诗中所说，做到了"苟利国家生死以，岂因祸福避趋之"。

作为政治家，林则徐被称为"中流一柱擎"，他一生遍历地方，注重实际考察、实地调研，是改革派中的实践家。他在江南治漕赈、在湖广禁鸦片、在新疆兴屯田、在云南办回务，也谙熟军事国防，所历地方有"林公来，我生矣""林青天"的称颂。在新疆伊犁期间，他推广的坎儿井和纺车，被誉为"林公井"和"林公车"。

作为思想家，林则徐"最先从封建的闭关自守的昏睡状态中觉醒"，被史学大家范文澜称为"清代睁眼看世界的第一人"。面对列强入侵，他萌生出"师敌长技以制敌"的思想，后又组织翻译英国人慕瑞的《世界地理大全》，编为《四洲志》，这是近代中国第一部相对完整、比较系统的世界地理志书。在林则徐的嘱托下，魏源在《四洲志》的基础上，编辑写成《海国图志》，深刻影响了后来的洋务运动，以及日本的明治维新。

作为文学家，林则徐为学"实事求是，不涉时趋"，著有《云左山房文钞》《云左山房诗钞》《使滇吟草》等。他的诗文成就颇高，留下了"海纳百川，有容乃大；壁立千仞，无欲则刚"等脍炙人口的名句。据记载，他曾把女婿沈葆桢的诗句"一钩已足明天下，何必清辉满十分"改成"一钩已足明天下，何况清辉满十分"，一字之差，意境迥然不同。

除了诗文，林则徐的公文同样出色，著有《林文忠公政书》，左宗棠在《林文忠公政书叙》中说，该书为"海内士大夫争相传诵"。他的公文体现了公文经世致用的本质属性，用词讲究，事理兼备，用典信手拈来，文风自成一体。《钱票无甚关碍宜重禁吃烟以杜弊源片》就是其中的代表作。

18世纪中后期，英国东印度公司开始向中国非法经营鸦片贸易。随着鸦片对华输出的逐年增加，中国大量白银外流，国内银贵钱贱，人民生活日益恶化。清朝统治者不得不对鸦片流入采取禁止措施，但由于东印度公司贿赂权臣，造成内外勾结，禁令形同虚设。在如何对待鸦片的问题上，清廷内部形成了严禁派和弛禁派两个阵营。

1838年闰四月，严禁派鸿胪寺卿黄爵滋上奏，提出"重治吸食者"的主张，以此切断市场需求，从源头上遏制鸦片销售。这也就是我们常说的"没有买方就没有卖方"。道光帝让各省督抚讨论这一主张，但支持者只有林则徐等少数几人。当年六月，林则徐回奏支持黄爵滋的主张，并提出了6条重治吸食者的具体措施。对黄爵滋的主张，反对者则人数众多，其中，弛禁派盛京将军宝兴在回奏中把银贵钱贱的原因归结为使用了钱票。道光帝又让各省督抚讨论宝兴的奏折，林则徐由此写就这篇奏折。奏折呈上后，道光帝受到触动，1838年12月间，接连召见林则徐8次，商议禁烟事宜。1839年1月，53岁的林则徐以钦差大臣的身份奔赴广东，开启了举世瞩目的禁烟运动。

这篇奏折之所以能说服举棋不定的道光帝，在写作方法上主要是采用了驳论的方法，破中有立，在对错误观点的批驳中，让自己的观点更具说服力。

一、缓缓道来，层层递进，在批驳中提出自己的观点

奏折一开始没有急于驳斥宝兴的观点，而是缓缓道来，用自己所掌握的情况说明钱票之积弊，"弊固有之"。然后笔锋一转，指出"治亦不难"，紧接着给出了治理方法。更重要的是，同时点明这一积弊和国家财政大计"殊无关碍"，也就是这一积弊并不会关系到国计民生，不会动摇国之根本。

然后，奏折从3个角度逐层逐步对宝兴的观点进行了驳斥。一是历史对比的角度。钱票通行已经很多年了，为什么以前没有银贵钱贱呢？就是说，和钱票本身关系不大。二是商人牟利的角度。指出商人要想牟利，"无论银贵钱贵，出入皆可取盈"，并不需要等到银价高的时候，言下之意，银贵和"奸商"关系不大。三是提出了一个假设。假设采纳了宝兴的建议，就会产生严重的后果，因为这些年凭着钱票通行，才稍微缓解民用不足，"若不许其用票，恐捉襟见肘之状，更有立至者矣"。

经过层层递进的论述，作者水到渠成地给出了自己的观点，"是不得不严其法于吸食之人也"，也就是应该"重治吸食者"。

二、"一网打尽"各种错误观点，使正确观点无法攻破

在给出了自己的观点后，按照一般公文的写作逻辑，接着应该阐述"如何重治吸食者"，但这篇奏折却没有，那是因为此前六月的奏书中，已经给出了6条方法。于是，作者接着对其他反对"重治吸食者"的意见——进行了驳斥。

有观点认为，只要严惩开烟馆、贩卖鸦片的人，鸦片就会自绝。对此，奏折从烟贩有保护伞、贩烟有厚利自然有人冒死犯法等角度进行了驳斥。同时进一步提出，如果"重治吸食者"，那么，开烟馆、贩卖鸦片的人应该"斩决枭示"，这好比一个公子哥儿在外游荡、无恶不为，如果只惩处引诱他的人，而不禁锢本人，"何在不敢复犯"？还有观点认为，如果对吸食者处以极刑，则罪名太重、弊端太多，包括罪名重则讹诈多、吸食者烟瘾难断也杀不尽、严刑峻法有损朝廷美誉等。对此，奏折鲜明提出"轻罪亦可讹诈，惟无罪乃无可讹诈"，并主张重弊用重法。

阐明自己的观点之后，作者以对国家社稷的拳拳之心、对黎民百姓的殷殷之情，饱含忧患地指出，如再不采取果敢而严厉的措施，将导致"中原几无可以御敌之兵，且无可以充饷之银"，每想及此，都不寒而栗。相信看到这里时，作为国家的最高统治者，道光帝的内心已经站在了严禁派一边。

三、以事实说话，给出令人信服的论断

再精巧的构思、再纯熟的语言，如果没有事实的佐证，陈述的道理也是苍白无力的，而对于事实的熟悉和掌握，需要实地探访、调查研究，需要实践的功夫。唯有如此，公文才能写得有理有据、说服力强。

比如，对于货物贸易的情况，林则徐讲述了自己任职所经之处暗访密查的调研实情，"臣历任所经，如苏州之南濠，湖北之汉口，皆阛阓聚集之地，叠向行商铺户暗访密查，佥谓近来各种货物销路皆疲，凡二三十年以前某货约有万金交易者，今只剩得半之数。问其一半售于何货？则一言以蔽之，曰鸦片烟而已矣。"

再如，对于白银流向的情况，林则徐对于相关数据如数家珍、熟稔于胸："吸鸦片者，每日除衣食外，至少亦需另费银一钱，是每人每年即另费银三十六两，以户部历年所奏，各直省民数计之，总不止于四万万人，若一百分之中仅有一分之人吸食鸦片，则一年之漏卮即不止于万万两，此可核数而见者。况目下吸食之人，又何止百分中之一分乎？"一番细算下来，每年因吸食鸦片外流的白银何止万万两！

这样一来，就揭示了大量白银都用来买鸦片的真相，说清楚了到底是什么原因使得银贵钱贱，即因为鸦片俏销，导致白银外流，从而使得国内白银不足，自然就银贵钱贱。

【原文】

钱票无甚关碍宜重禁吃烟以杜弊源片①

清·林则徐

　　再，臣接准部咨②："钦奉上谕：'据宝兴奏：近年银价日昂，纹银一两易制钱一串六七百文之多，由于奸商所出钱票注写外兑字样，辗转磨兑，并无现钱，请严禁各钱铺不准支吾③磨兑，总以现钱交易，以防流弊等语。著步军统领衙门、顺天府、五城会议具奏，并著直省各督抚妥议章程，奏明办理。'钦此。"

　　臣查钱票之流弊，在于行空票而无现钱。盖兑银之人本恐钱重难携，每以用票为便，而奸商即因以为利。遇有不取钱而开票者，彼即唉④以高价，希图以纸易银，愚民小利是贪，遂甘受其欺而不悟。迨其所开之票，积至盈千累百，并无实钱可支，则于暮夜关歇潜逃，兑银者持票控追，终成无著。此奸商以票骗银之积弊也。臣愚以为弊固有之，治亦不难。但须饬具五家钱铺连环保结，如有一家逋负⑤，责令五家分赔，其小铺五家互结，复由年久之大铺及殷实之银号加结送官，无结者不准开铺，如违严究，并拘拿脱逃之铺户，照诓骗财物例计赃从重科罪，自可以遏其流。但此弊只系欺诈病民，而于国家度支大计，殊无关碍。

---

① 片，奏折中的附片，用来补充折中未尽之意。
② 接准，根据。部咨，这里指户部公文。咨，平行公文。
③ 支吾，抗拒。
④ 唉，利诱。
⑤ 逋负，因负欠而潜逃。

盖钱票之通行，业已多年，并非始于今日，即从前纹银每两兑钱一串之时，各铺亦未尝无票，何以银不如是之贵？即谓近日奸商更为诡谲，专以高价骗人，亦只能每两多许制钱数文及十数文为止，岂能因用票之故，而将银之仅可兑钱一串者忽抬至一串六七百文之多？恐必无是理也。且市侩之牟利，无论银贵钱贵，出入皆可取盈，并非必待银价甚昂然后获利。设使此时定以限制，每两只许易钱一串，彼市侩何尝不更乐从，不过兑银之人吃亏更甚耳。若抑银价而使之贱，遂谓已无漏卮①，其可信乎？查近来纹银之绌，凡钱粮、盐课、关税一切支解②，皆已极费经营，犹藉民间钱票通行，稍可济民用之不足。若不许其用票，恐捉襟见肘之状，更有立至者矣。

夫银之流通于天下，犹水之流行于地中，操舟者必较水之浅深，而陆行者未必过问；贸易者必探银之消息，而当官者未必尽知。譬如闸河之水，一遇天旱，重重套板，以防渗漏，犹恐不足济舟。若闭闸不严，任其外泄，而但责各船水手以挖浅，即使此段磨浅而过，尚能保前段之无阻乎？银之短绌，何以异是！臣历任所经，如苏州之南濠，湖北之汉口，皆阛阓聚集之地，叠向行商铺户暗访密查，佥谓近来各种货物销路皆疲，凡二三十年以前某货约有万金交易者，今只剩得半之数。问其一半售于何货？则一言以蔽之，曰鸦片烟而已矣。此亦如行舟者验闸河之水志，而知闸外泄水之多，不得以现在行船尚未搁浅，而姑苟安于旦夕也。

臣窃思人生日用饮食所需，在富侈者，固不能定其准数，若以食贫之人，当中熟之岁，大约一人有银四五分，即可过一日，若一日有银一钱，则诸凡宽裕矣。吸鸦片者，每日除衣食外，至少亦需另费银一钱，是每人每年即另费银三十六两，以户部历年

---

① 漏卮，漏洞。
② 支解，支付解送。

所奏，各直省民数计之，总不止于四万万人，若一百分之中仅有一分之人吸食鸦片，则一年之漏卮即不止于万万两，此可核数而见者。况目下吸食之人，又何止百分中之一分乎？鸿胪寺卿黄爵滋原奏所云岁漏银数千万两，尚系举其极少之数而言耳。内地膏脂年年如此剥丧，岂堪设想？而吸食者方且呼朋引类，以诱人上瘾为能，陷溺愈深，愈无忌惮。儆玩心而回颓俗，是不得不严其法于吸食之人也。

或谓重办开馆兴贩之徒，鸦片自绝，不妨于吸食者稍从末减，似亦持平之论。而臣前议条款，请将开馆兴贩一体加重，仍不敢宽吸食之条者，盖以衙门中吸食最多，如幕友、官亲、长随、书办、差役，嗜鸦片者十之八九，皆力能包庇贩卖之人，若不从此严起，彼正欲卖烟者为之源源接济，安肯破获以断来路？是以开馆应拟绞罪，律例早有明条，而历年未闻绞过一人，办过一案，几使例同虚设，其为包庇可知。即此时众议之难齐，亦恐未必不由乎此也。吸食者果论死，则开馆与兴贩即加至斩决枭示，亦不为过。若徒重于彼而轻于此，仍无益耳。譬之人家子弟在外游荡，靡恶不为，徒治引诱之人而不锢其子弟，彼有恃无恐，何在不敢复犯？故欲令行禁止，必以重治吸食为先。且吸食罪名，如未奉旨饬议，虽现在止科徒杖，尚恐将来忽罹重刑。若既议而终不行，或略有加增，无关生死，彼吸食者皆知从此永无重法，孰有戒心？恐嗣后吃食愈多，则卖贩之利愈厚，即冒死犯法，亦必有人为之。是专严开馆兴贩之议，意在持平而药不中病，依然未效之旧方已耳。谚云："刖足之市无业屦，僧寮之旁不鬻栉。"果无吸食，更何开馆兴贩之有哉？

或谓罪名重则讹诈多，此论亦似，殊不思轻罪亦可讹诈，惟无罪乃无可讹诈。与其用常法而有名无实，讹诈正无了期，何如执重法而雷厉风行，吸食可以立断。吸食既断，讹诈者又安所施乎？

若恐断不易断，则目前之缴具①已是明征；若恐诛不胜诛，岂一年之限期犹难尽改，特视奉行者之果肯认真否耳。诚使中外②一心，誓除此害，不惑于姑息，不视为具文，将见人人涤虑洗心，怀刑畏罪，先时虽有论死之法，届期并无处死之人。即使届期竟不能无处死之人，而此后所保全之人且不可胜计，以视养痈贻患，又孰得而孰失焉？夫《舜典》有怙终贼刑之令，《周书》有群饮拘杀之条，古圣王正惟不乐于用法，乃不能不严于立法。法之轻重，以弊之轻重为衡，故曰刑罚世轻世重，盖因时制宜，非得已也。当鸦片未盛行之时，吸食者不过害及其身，故杖徒已足蔽辜③；迨流毒于天下，则为害甚巨，法当从严。若犹泄泄视之，是使数十年后，中原几无可以御敌之兵，且无可以充饷之银。兴思及此，能无股栗！

夫财者，亿兆养命之原，自当为亿兆惜之。果皆散在内地，何妨损上益下，藏富于民。无如漏向外洋，岂宜藉寇资盗，不亟为计？

臣才识浅陋，惟自念受恩深重，备职封圻，睹此利害切要关头，窃恐筑室道谋，一纵即不可复挽。不揣冒昧，谨再沥忱附片密陈。伏乞圣鉴。谨奏。（《林则徐集·奏稿》）

【名言警句】

〖谚云："刖足之市无业屦，僧寮之旁不鬻梳。"〗

〖法之轻重，以弊之轻重为衡，故曰刑罚世轻世重，盖因时制

---

① 缴具，收缴鸦片烟具。林则徐在湖广总督任内，共查缴烟土、烟膏二万五千多两，烟枪数千杆。
② 中外，这里指中央和地方。
③ 蔽辜，抵罪。

宜，非得已也。〗

〖若犹泄泄视之，是使数十年后，中原几无可以御敌之兵，且无可以充饷之银。〗

〖夫财者，亿兆养命之原，自当为亿兆惜之。〗

【成语来源】

切要关头——〖睹此利害切要关头，窃恐筑室道谋，一纵即不可复挽。〗

公告批复类

▲ 西汉·司马相如
  《喻巴蜀檄》

▲ 唐·元稹
  《许刘总出家制》

▲ 南宋·文天祥
  《平反杨小三死事判》

▲ 明·海瑞
  《禁馈送告示》

檄文不激，化危为机

——西汉·司马相如《喻巴蜀檄》

司马相如是西汉蜀中第一文豪。他在辞赋创作上的成就，及其与卓文君"凤求凰"的爱情故事，早已广为人知。而他在汉武帝时代开发西南的历史进程中，也曾扮演过重要角色，是一位出色的"安边功臣"。

司马相如原名犬子，因崇拜战国时期的名相蔺相如，改名为司马相如。他年轻时，家境富裕，花钱捐了一个官职，但才学不被人赏识。后来，一度称病辞官，投奔爱好文学又招贤纳士的梁孝王刘武，在梁国与邹阳、枚乘等一批文士交往，写下了著名的《子虚赋》。梁孝王死后，司马相如回到成都，其时家境已衰微，穷困到无以为生，不得不依托于做临邛县令的故人王吉，住进该县城郭下的小亭中。临邛县的财主很多，卓王孙可称当地首富，看在县令王吉分上，设宴请相如参加聚会，席间王吉又请相如弹琴，卓王孙之女卓文君慕相如之才，与之私奔，制造出一桩千古爱情故事。

汉武帝是辞赋的热爱者、追捧者，当读到《子虚赋》时，大加赞赏道："朕独不得与此人同时哉！"被管理猎犬的狗监杨得意听见，正巧杨是司马相如的同乡，于是荐举了他。司马相如为汉武帝完成了《天子游猎赋》(《上林赋》)，大得皇帝欢心，便任用他为郎官。司马相如在郎官任上，正碰上汉武帝将西南开发事宜提上日程。

汉代的西南，大体相当于今日四川的西部、南部以及贵州、云南等幅员辽阔的少数民族聚居的地区。西汉早期，由于统治者急于应对来自北方匈奴的威胁和国内秩序的建立，很长时间无力顾及西南边疆。直到汉武帝时代，政权稳固，国力强大，恢复对西南的管辖和经略的问题，才重新提上王朝的议事日程。

建元六年（前135年），西汉官吏唐蒙受命说服夜郎归汉，得到酋长多同的同意。朝廷把夜郎设置为犍为郡，并大规模调遣巴蜀的兵卒参与筑路工程，开辟一条从僰道（今四川宜宾）直通牂牁江的道路。在当时的条件下，完成这样艰巨的工程，所需耗费的人力和物力之巨，可想而知。巴蜀士兵役夫苦不堪言，或逃亡，或自残。为控制局面，唐蒙以军法诛杀其首领，引起巴蜀百姓的惊恐、骚动、抗拒和冲突，在当时酿成一大事件。为了平息事端，使西南开发的进程不致中辍，汉武帝派司马相如为特使，回故乡去处理这一危机事件，"责唐蒙，因喻告巴蜀民以非上（圣上）意"，于是就有了这篇《喻巴蜀檄》。

《喻巴蜀檄》最早收录在《史记·司马相如列传》中，虽然篇幅不长，全文仅600多字，但严正精悍、周详晓畅、耐人寻味、不激化矛盾，为在处理危机事件时如何写公告提供了有益的借鉴。

檄是用于声讨的一种公告类文体。《喻巴蜀檄》是斥责巴蜀吏民"罪"与"过"的，从需要解决的问题来看，成文其实非常难，司马相如承担的任务也比较棘手。唐蒙略通西南夷是奉命，司马相如本人也很赞成，引起巴蜀震动后，皇帝却要谴责唐蒙，并告知巴蜀百姓——唐蒙的做法并非皇帝本意。也就是说，这篇文章必须顾及唐蒙、巴蜀民、皇帝三方面的意图，而又不能违背朝廷通西南夷的大政方针。清代刘熙载《艺概》说:"相如一切文,皆善于架虚行危。"就《喻巴蜀檄》来说,"虚"不在于"巴蜀民大惊恐"的事实如何,而在于如何认识;"危"在于唐蒙、巴蜀民、皇帝三方各有道理,需要平衡。如何阐述其中的轻重缓急,确实颇费心思。

一、大处着眼亮明态度

文章开头,司马相如并没有就事论事地从唐蒙"诛其渠帅"谈起,而是从高处着眼,阐述朝廷在边境治理上的巨大成就和唐蒙奉使西南的必要性,来彰显汉武帝"存抚天下,安集中国"的仁德,歌颂其安定四方、平定天下的丰功伟绩。这样做在政治导向上无疑是正确的,而且从当时看,塑造君王的良好形象对山高路远的巴蜀父老来说是必要的,可避免出现所谓"夜郎自大"的误会。更为重要的是,司马相如的这段铺陈,既生动刻画出汉武帝雄才大略的形象,又为后面的说理批评埋下了伏笔、奠定了基础。

二、就事论事指出问题

"夫不顺者已诛,而为善者未赏,故遣中郎将往宾之,发巴蜀之士各五百人,以奉币帛,卫使者不然,靡有兵革之事、战斗之患。"这段话承上启下,从宏大背景落到当前具体事件上,指出唐蒙奉汉天子之命通西南夷,并不是要兴起战火,而是出于传播文明、教化天下的目的。接着略叙事实,"今闻其乃发军兴制,惊惧子弟、忧患长老,郡又擅为转粟运输,皆非陛下之意也"。这番话在一定程度上斥责了唐蒙惊扰百姓的不当处理,其中"惊惧、忧患",将抚慰巴蜀人士之意带出,同时也把汉武帝的本来想法同唐蒙的错误做法作了适度区分,但仅此一笔带过。唐蒙是朝廷命官,其"略通夜郎、僰中"的主张是汉王朝开发西南地区战略的落实。责备唐蒙是处理突发性事件的必要行动,朝廷的真实意图显然不止于此。后面一句"当行者或亡逃自贼杀,亦非人臣之节也",如图穷匕见,直接点明了这篇"公告"的核心论点。

三、正面引导循循善诱

"夫边郡之士,闻烽举燧燔,皆摄弓而驰、荷兵而走,流汗相属,唯恐居后;触白刃、冒流矢,义不反顾、计不旋踵,人怀怒心,如报私仇。彼岂乐死恶生,非编列之民,而与巴蜀异主哉?计深虑远,急国家之难,而乐尽人臣之道也。故有剖符之封,析珪而爵,位为通侯,处列东第,终则遗显号于后世,传土地于子孙。行事甚忠敬,居位甚安逸,名声施于无穷,功烈著而不灭。是以贤人君子,肝脑涂中原、膏液润野草而不辞也。"文中用大量文字进行正面开导。为论证巴蜀民众的做法"亦非人臣之节",司马相如巧妙地树起了"边郡之士"这个先进典型,通过描写急国家之难、乐尽人臣之道的"边郡之士",来反衬巴蜀民众的不当。两相比较、高下立见。需要注意的是,"公告"并没有简单地进行政治说教,而是从巴蜀民众切身利益出发,对他们"身死无名,谥为至愚,耻及父母,为天下笑"表示悲哀,为他们生没有"位为通侯",死也不能"遗显号于后世"感到遗憾。显然,这种说理方法更易为巴蜀父老认同接受。

四、提出办法迅而宣告

引导之后,司马相如进行了总结定调,再次重申"陛下"之德为"患使者有司之若彼,悼不肖愚民之如此",阐明自己的任务为"遗信使晓谕百姓以发卒之事",并提出办法,责成"三老""孝悌"等负责教育的人,对百姓加强教导。最后要求巴蜀各级官员务必即刻传达给"远所溪谷山泽之民","使咸知陛下之意",不可疏忽。值得注意的是,伴随着提要求的相关表述,司马相如用"方今田时,重烦百姓"8个字,在表达"陛下"高度重视的同时,也传递了汉武帝知晓农时、不忍扰民的体恤之情。

总之,作为古代流传至今的第一篇成形檄文,《喻巴蜀檄》逻辑缜密、策略周详、入情入理,达到了"四个满意"的效果:一是贯彻了朝廷意图,汉武帝满意;二是对唐蒙的批评拿捏到位,既对上对下有交代,又保护了其开拓西南、为国尽忠的积极性,唐蒙满意;三是充分考虑了民众心理,把握好角度说理,让巴蜀父老深受教育,从《史记》等史书的记载看,檄文得到了巴蜀父老认可;四是这篇公文灵活运用对偶、铺陈等修辞手法,具有极高的文学水准,在公文写作史上熠熠生辉,后世读者满意,被列为《昭明文选》"檄文"部分的开篇之作。

【原文】

喻巴蜀檄

西汉·司马相如

告巴蜀太守：蛮夷自擅，不讨之日久矣，时侵犯边境，劳士大夫。陛下即位，存抚天下，安集中国，然后兴师出兵，北征匈奴。单于怖骇，交臂受事①，屈膝请和。康居②西域，重译请朝，稽首来享。移师东指，闽越相诛；右吊③番禺，太子入朝。南夷之君，西僰④之长，常效贡职，不敢堕怠，延颈举踵，喁喁⑤然皆向风慕义，欲为臣妾；道里辽远，山川阻深，不能自致。夫不顺者已诛，而为善者未赏，故遣中郎将往宾之，发巴蜀士民各五百人，以奉币帛，卫使者不然，靡有兵革之事，战斗之患。今闻其乃发军兴制，惊惧子弟，忧患长老，郡又擅为转粟运输，皆非陛下之意也。当行者或亡逃自贼杀，亦非人臣之节也。

夫边郡之士，闻烽举燧燔⑥，皆摄弓而驰，荷兵而走，流汗相属，唯恐居后；触白刃，冒流矢，义不反顾，计不旋踵⑦，人怀怒心，如报私仇。彼岂乐死恶生，非编列之民，而与巴蜀异主哉？计深虑远，急国家之难，而乐尽人臣之道也。故有剖符之封，析

---

① 交臂，拱手。受事，接受职事。
② 康居，西域国名，与大月氏同族。
③ 吊，怜悯。
④ 西僰，西南夷之一种，在云南、四川境内的又称摆夷。
⑤ 喁喁，口向上的样子。形容众人向慕之状。
⑥ 烽举燧燔，发出边防报警信号。
⑦ 计不旋踵，绝不后退。旋踵，退缩。

珪之爵，位为通侯，居列东第，终则遗显号于后世，传土地于子孙。行事甚忠敬，居位甚安逸，名声施于无穷，功烈著而不灭。是以贤人君子，肝脑涂中原，膏液润野草而不辞也。今奉币役至南夷，即自贼杀，或亡逃抵诛，身死无名，谥为至愚，耻及父母，为天下笑。人之度量相越，岂不远哉！然此非独行者之罪也，父兄之教不先，子弟之率不谨，寡廉鲜耻，而俗不长厚也。其被刑戮，不亦宜乎！

陛下患使者有司之若彼，悼不肖愚民之如此，故遣信使晓谕百姓以发卒之事，因数之以不忠死亡之罪，让三老孝悌①以不教之过。方今田时，重烦百姓，已亲见近县，恐远所溪谷山泽之民不遍闻，檄到，亟下县道，使咸知陛下之意，无忽。(《史记·司马相如列传》)

【成语来源】

义无反顾——〖触白刃，冒流矢，义不反顾，计不旋踵，人怀怒心，如报私仇。〗

计不旋踵——〖触白刃，冒流矢，义不反顾，计不旋踵，人怀怒心，如报私仇。〗

寡廉鲜耻——〖寡廉鲜耻，而俗不长厚也。〗

---

① 让，责备。三老、孝悌，皆乡官。

学古不泥古，破法不悖法

——唐·元稹《许刘总出家制》

元稹与白居易齐名，并称"元白"。唐德宗贞元九年（793年），元稹明经及第，补校书郎，累官监察御史，后任知制诰，迁中书舍人，翰林学士承旨。著有《元氏长庆集》100卷，今存60卷。元稹写了很多脍炙人口的诗文，"曾经沧海难为水，除却巫山不是云""不是花中偏爱菊，此花开尽更无花"等都是他的名句。

诗文之外，在担任知制诰这一专门起草诏书的职务时，他依照"复古"要求进行公文语体改革，在内容、形式以及语言运用上，都力求文风通达朴素、明易晓畅。《旧唐书·元稹传》对元稹变革制诰文体的贡献评价道，"辞诰所出，复然与古为侔，遂盛传于代，由是极承恩顾"。陈寅恪认为，"当时致力古文，而思有所变革者，并不限于昌黎一派。元白二公，亦当时主张复古之健者。不过宗尚稍不同，影响亦因之有别，后来遂淹没不显耳"。在陈寅恪看来，元稹、白居易倡导的文体改革，不亚于韩愈、柳宗元倡导的古文运动。

制诰是帝王向臣民发布的指令，是帝王处理大小政务的工具，如帝王即位、官员任命、对外用武等都需用到制诰。因此，制诰具有极大的权威性，一旦颁布不可随意更改。但是，帝王一般只传旨意，具体措辞则由草拟者决定。元稹就是这方面的高手，他所拟的制诰，立论纯正、举事周详、旨趣明确、措辞雅驯，一改先前简单堆砌典故、四六套话、头肩腹腰尾千篇一律的陈腐面孔。由于元稹所写的制诰替皇帝和朝廷重塑了光辉形象，同时也显得政令畅通，国家机器运转正常而有效，唐穆宗高兴地说："使吾文章语言与三代同风。"《新唐书·元稹传》也高度评价，元稹"变诏书体，务纯厚明切，盛传一时"。

《许刘总出家制》就是这方面的代表作，被收入挑选非常严格的《唐宋文举要》乙编。作为对下级请示的批复，文中准确描写了穆宗既舍不得刘总出家又不忍心违背他本人意愿的复杂心情，总体来看，有如下特点：

一、态度型批答制

批答制，是对大臣上表予以批复的一种制类公文，用于对大臣上表的内容作出答复。态度型批答制的标题结构模式一般为"许+人名+所请之事+制"，以亮明对所请之事的态度。刘总是唐穆宗时节度使，要求出家为僧，穆宗先是不准，将其提升为守司徒兼侍中天平军节度使。后刘总坚决要求出家，穆宗遂发布此制书。

制书开头先是夸赞，没见过西方舍国城、妻子以求法的金仙子，但在身边却见到了这样的人，就是位兼将相、品行高洁，但视爵禄如若浮云，有志于摆脱世间羁绊的刘总。再说明刘总出家意志的坚决，以及皇帝诚恳地再三挽留。然后，肯定刘总的功绩，以张良、范蠡这样不恋权位、功成身退的宰辅之臣比之。最后批准出家，并把好人做到底，赐其极高的法号"大觉"，补上超长的僧龄50年。

二、文风古朴简洁

制书不同于其他，特别是比较重大的制诰，有着当时标准的模式，这不是个人意志所能改变的，比如，仍使用骈文体，讲究用典、对偶等，但戴着"镣铐"也可以"跳舞"。《许刘总出家制》的形式虽然是骈文，但内容大于形式，即便是在固有形式里，文风也是古朴简洁，不堆砌辞藻，反对虚夸不实，极力避免"拘于属对、局于圆方"，真正做到了学古但不泥于古，破法但不悖于法，彰显出元稹制诰革新的新气象。

三、用典恰如其分

比如，开头引用释迦牟尼的典故："自著书云：'昔我于无量劫中，舍国城、妻子，以求法要。'"为下文作了铺垫，非常契合制文刘总要出家的主题。再如，后面引用张良、范蠡的典故，张良佐汉灭秦后，以功封留侯，后想出家学道，为吕后所劝阻，陆机在《汉高祖功臣颂》中说他是"托迹黄龙，辞世却粒"，却粒即不食谷粒，道家辟谷的意思；范蠡佐越王灭吴后，辞官入陶地经商，据说他乘扁舟离越后，越王勾践让画工画下他的形象以纪念。这两个典故同样非常契合主题，既充分体现出皇帝对刘总的认可和不舍，又充满浓厚的感情色彩。

【原文】

许刘总出家制

唐·元稹

门下：朕闻西方有金仙子①，自著书云："昔我于无量劫②中，舍国城、妻子，以求法要。"朕尝闻其语，未见其人。安知股肱之间，目验兹事。脱身羁网，诚乐所从。舍我縶维③，能无永叹。遂其高尚，良用怃然。具官④刘总，五岳孕灵，三台⑤降瑞，位兼将相，代袭勋庸。视轩冕⑥若浮云，弃妻孥犹脱屣。屡陈章表，恳愿舍家。勉喻再三，终然不夺。朕又移之重镇，宠以上公，莫顾中人⑦之情，遂超开士⑧之迹。於戏！张良却粒，尚想高踪；范蠡登舟，空瞻遗象。功留鼎鼐⑨，誓著山河，长存鱼水之欢，勿忘香火之愿。宜赐法号大觉，仍赐僧腊⑩五十夏。主者施行。(《全唐文》)

【名言警句】

〖张良却粒，尚想高踪；范蠡登舟，空瞻遗象。〗

---

① 金仙子，即金仙，佛家谓如来之身，金色微妙，因称金仙。
② 无量劫，佛经谓天地从形成到毁灭为一劫难，指无法计算的旷远年代。
③ 縶维，拴马的绳索，引申为束缚。
④ 具官，唐宋以后，在公文函牍或其他应酬文字上，通常把应该写明的官职写为"具官"。
⑤ 三台，天上星名，谓上台、中台、下台，共六星，两两相比，起文昌，列抵太微。
⑥ 轩冕，本是卿大夫的轩车和冕服，这里指官位爵禄。
⑦ 中人，平常人。
⑧ 开士，菩萨的异名，也作为对僧人的敬称。
⑨ 鼎鼐，喻宰辅之位。
⑩ 僧腊，和尚受戒后的年岁，也称"法腊"。

一篇典型的案件判决书

——南宋·文天祥《平反杨小三死事判》

"人生自古谁无死，留取丹心照汗青。"20岁就中状元的文天祥，一生著述颇多，有《文山先生全集》共20卷，《正气歌》《禁令驿》《指南录后续》等都是其代表作。文天祥一生忠君爱国，曾变卖家产充作军费，率领义军抵抗元军的进攻，在作战中被俘，始终坚贞不屈、拒绝招降，最终被元军杀害。《过零丁洋》就是其表明爱国心迹的代表诗作。

文天祥曾任多地知府，以及刑部侍郎、提点江南西路刑狱、提点荆湖南路刑狱、右丞相兼枢密使等职，为官期间撰写了一部分判词。《文天祥全集》《名公书判清明集》载文天祥的判词共有5篇，即《湖南宪司咸淳九年隆冬疏决批牌判》《断配典吏侯必隆判》《委金幕审问杨小三死事批牌判》《平反杨小三死事判》和《门示茶陵周上舍为诉刘权县事判》。

中国古代的判词（包括批词）属于司法文书，是案件的判决书，它是以法律为依据对案件是非曲直进行评判与评价所得出的结论。从功能划分大致可分为真实的、具有法律效力的实判和虚构的、不具法律效力的拟判两种，从文体划分可以分为对仗整齐、辞藻华丽的骈判和语言质朴、注重理由的阐释和事实的分析的散判。宋代保留下来的判词绝大多数为实判，且由唐代的骈体改为散体，《平反杨小三死事判》就是其中实判和散判的代表作。

这一判词是文天祥于湖南提刑任上所作，"提刑"是宋代特有的一种官职名称，负责地方刑狱、诉讼事务，每年定期到所辖的州县巡查，主要是督察、审核所辖州县官府审理、上报的案件，并负责审问州县官府的囚犯，对于地方官判案拖延时日、不能如期捕获盗犯的渎职行为进行弹劾。《平反杨小三死事判》就3名罪犯殴打杨小三致死一案进行判处，文章先引"律条"，再分析各犯罪主体所犯之罪的大小轻重，最后按照"律条"判处刑罚。

一、叙事清楚，说理充分

案情事实是判词的重要组成部分，是进行分析说理以及作出最终裁判的重要基础。从行文中可以看出，文天祥在刑事案件书判的写作中，十分注重清楚准确地叙述案件的事实，他详细分析此案中，为首的罪犯是谁、下手最重的罪犯是谁，以便最后加以量刑。在叙述了杨小三被殴打的情形后，文天祥对案件的主客观要素均作了详细分析，"颜小三者，施斧于胁肋之间为致命，是下手重者也"，"罗小六虽不加之以缢，杨小三亦必以肋断致死，然始也谋殴之，终也遂缢之，是其心处以必死，非独下手重而已"。在此，文天祥详细分析论证了杨小三致死的真正原因和有关人物的因果关系，为后面最终判决作了铺垫。

二、语言平实，通俗易懂

唐宋以来，制作判词是文人学士为官所必备的一项基本素质。从本质上看判词是一种应用文体的法律文书材料，具有实效性、法定性、针对性等特点，所以判词的语言文字一般都较精练准确、言简意赅、客观规范、庄重简洁，与其他文学作品的语言文字有着较大区别，且很少运用夸张、比喻等修辞手法。文天祥的判词又带有他的个人色彩，用词质朴无华、少用修饰，与他正直高洁的性格密切相关。"再三差官审究，则三人者，于杨小三元无深忿，特其积怨之深，欲伺其间，而共捶打之，则谓之同谋，其殴至死，宜不在谋杀之例"，在审判杨小三之死一案中，再三差官审究，说明他不是仅凭着某个人的一面之词或看到的表面现象来评判孰是孰非，而是以严谨细致、公道正派的作风把案件事实弄清楚，探明犯罪者与被害人的关系和纠纷，用以厘清作案动机和作案手法，为最后的判决奠定基础。

三、实判特点突出

文天祥先是指明律法的总体规定，"诸谋杀人，已杀者，斩；从而加功者，绞"，再指明律法对罪行细化的相关规定，"诸同谋共殴伤人者，各以下手重者为重罪，元谋减一等，从者又减一等，至死者，随所因为重罪"，给此案件作出裁决提供清晰的法律依据。此案的判决，表现出了提刑官眼光的敏锐和对典律的熟稔，推恩贷死最终判决即是最好的例证。由此我们可以看出，高质量的判词必然与严明的诉讼程序相对应，这种援引法律比例高的判词，也体现了宋代当时比较完整的诉讼程序和相对完备的法律。

【原文】

平反杨小三死事判

南宋·文天祥

律①："诸谋杀人，已杀者，斩；从而加功②者，绞。"又律："故杀人者，斩。"又律："诸同谋共殴伤人者，各以下手重者为重罪，元谋减一等，从者又减一等，至死者，随所因为重罪。"今杨小三之死也，施念一捽其胸，塞其口；颜小三斧其胁；罗小六击其吭；其惨甚矣！再三差官审究，则三人者，于杨小三元无深怨，特其积怨之深，欲伺其间，而共捶打之，则谓之同谋，其殴至死，宜不在谋杀之例。颜小三者，施斧于胁肋之间为致命，是下手重者也；然其不用斧之锋，而止以斧脑行打，是殆非甚有杀心者。罗小六虽不加之以缢，杨小三亦必以肋断致死，然始也谋殴之，终也遂缢之，是其心处以必死，非独下手重而已。是故以下手论之，颜小三之先伤要害，当得重罪；以诛心论之，罗小六独坐③故杀，不止加功，准法④皆当处死。以该咸淳八年，明禋⑤霈恩，特引贷命⑥。颜小三、罗小六各决脊杖二十，刺配广南远恶州军；施念一于同谋而元谋，于下手为从，合减一等，决脊杖七十，刺配千里州军。牒州⑦照断讫申。（《文山先生全集》）

---

① 律，法律，法令，这里指刑法条文。
② 加功，加力以成其事也，如助人殴杀人者。
③ 独坐，意即罗小六应该独自承担故意杀人的罪责。
④ 准法，依据法律。
⑤ 明禋，祭祀神明。
⑥ 贷命，指宽免死罪。
⑦ 牒州，指官府文书下移。

义正而词严,标新不立异

——明·海瑞《禁馈送告示》

在封建时代,后世官方修前朝的史书,多少都会带有一些"不饰美"的意图,清朝修的《明史》更是常被诟病。但这些史书对清廉刚正的人,往往不吝溢美。《明史》就是这样评价海瑞的:"秉刚劲之性,憨直自遂,盖可希风汉汲黯、宋包拯,苦节自励,诚为人所难能。"

海瑞,号刚峰。民间称其为"海青天",后人称其为"明朝第一清官"。海瑞以举人入仕,当过南平县的教谕,淳安、兴国的知县,也在户部和兵部干过主事,还在大理寺管理过皇帝的御玺、印鉴,后来外放担任应天巡抚,最后被任命为南京吏部右侍郎。以清正廉洁、节俭朴素、严峻刚直、浩然正气这样的词语形容海瑞是恰当的,但又不足以概括其为人为官为事。应该说,海瑞是一个有政治抱负、真正关心民生疾苦的人,他信奉法度,力推"一条鞭法"改革,能够洞察社会现象、世道人心,也知道别人都用什么方法办事,但他就是不用。

自备棺材骂皇帝,是海瑞做的最广为人知的一件事。这个"骂皇帝"的奏疏,就是被称为"直言天下第一疏"的《治安疏》,文中批评嘉靖皇帝一心修道,不理朝政。明代傅振商在《海忠介公全集叙》中说:"触人所不欲言,而非立异以见功。"义正而词严、标新不立异,这是海瑞的公文呈现的鲜明特点,这一特点在《禁馈送告示》中即有所体现。

一、心系民生的告示

《禁馈送告示》是海瑞任浙江淳安知县时发布的一则告示。"示"是古代官府对属吏、民众有所告诫、示谕、禁约的下行公文,一般发布方式有悬挂、张贴、刊石立碑3种。

当时处于嘉靖中期,社会矛盾尖锐,百姓生活困苦,皇帝沉迷于修道成仙,吏治松弛,贪污盛行,大小官员之间馈送成风,百姓苦贪官、苦盘剥久矣。地方官员赴京要随身携带礼品用于"打点",京官到地方巡查,地方官员也要随时送上"心意",还有官员和官员之间为拉拢关系也要经常互相馈送。当然,这些费用官员们不会自掏腰包,大多数是搜刮百姓而来,并视此为常事。

身为知县的海瑞,自然看不惯这些歪风邪气,他通过实地调研、明察暗访,逐步掌握了当时官绅之间的馈送方法,下定决心扭转这种不良现象,全力抵制不正之风,于是发布了这则告示。告示发布后,产生了立竿见影的效果,扭转了淳安县的馈送风气,究其根本原因,就在于这则告示契合了社会的需要,反映了百姓的意愿,得到了广泛的拥护。

二、义正词严的告示

一是开门见山,直接入题。开篇第一句"接受所部内馈送土宜礼物,受者笞四十,与者减一等,律有明禁。"直接指出禁止行贿受贿的法律依据,即《大明律》,告知那些收受贿赂者,这告示有理有据、有法可依，发布告示是依法依规办事，不仅受贿者要受罚，行贿者也要受罚，这就给那些收受贿赂者以震慑和警示。随后指出具体表现，粮里长等人经常给上司送柴送菜，屡禁不止，为什么止不住？"盖沿袭旧日风习，今日视为常事"，就是说小小的地方土产或者常见的薪柴蔬菜，并不是什么宝贝，但在人情社会，很少有人会因为这些事情驳了对方的颜面，因而积习成风，见怪不怪，愈演愈烈成为不良风气。

二是剖析原因，一语道破。告示的中间部分论证了为什么要禁止收受馈送。"且尔等名为奉承官府，意实有所希求。"送礼的这些人名义上是给官府作为用度，实际却是另有所图。这里就体现出海瑞洞察社会人心、敢言人所不言的特点。礼物上的收受，实际是一种人情的交互，为之后自己的"所图"埋下伏笔，而且这些"所图"大多不是正当途径可以实现或实现后获利没有那么多的。告示指出了行贿之人的真正目的，"谓之意有希求者，盖意官府不易反面；而今少献殷勤，他日禀公事，取私债，多科钱粮，占人便宜，得以肆行无忌也"，就是说行贿之人只需要稍献殷勤，他日办事就可以得到好处，而上级念在送礼之情，也就不好加以阻止或训斥；"与之官，取之民，出其一而收其十"，这些人轻轻松松不出本金却获利九成，怎么算他们都不吃亏啊！海瑞看透了这一现象的本质，也一语道破这个事情"陷阱不浅"，行贿的行为不仅陷官府于不清不廉，还陷百姓于水深火热，遗患无穷。

三是给出举措，考虑全面。告示在最后明确提出了解决这一问题的具体措施：一方面，严惩源头，"今后凡有送薪送菜入县门者"，以行贿论罪；另一方面，切断途径，有乡宦来送礼的，门岗差役要先报告，允许了才可以进门，同时还要搜查，如果有隐藏携带礼物的，没搜查、没发现，差役要负责任，"重责枷号"。这样一来，作为一则告示，就照顾到了相关涉事方，谁可以干什么，谁不可以干什么，一目了然。

【原文】

禁馈送告示

明·海瑞

接受所部内馈送土宜礼物，受者笞四十，与者减一等，律有明禁。粮里长①各色人等，每每送薪送菜，禁不能止。穷诘所以，盖沿袭旧日风习，今日视为常事。且尔等名为奉承官府，意实有所希求。谓之意有希求者，盖意官府不易反面②；而今少献殷勤，他日禀公事、取私债、多科钱粮，占人便宜，得以肆行无忌也。若有美意，则周③尔邻里乡党之急可也。官有俸禄，何故继富④？与之官，取之民，出其一而收其十，陷阱不浅。今后凡有送薪送菜入县门者，以财嘱⑤论罪。虽系乡宦礼物，把门皂隶⑥先禀明，后许放入。其以他物装载，把门人误不搜检者，重责枷号。(《海瑞集》)

---

① 粮里长，明代征解田粮的基层半官职人员。
② 反面，即翻脸。
③ 周，指周济、救济。
④ 继富，语见《论语·雍也》："君子周急而不继富。"
⑤ 财嘱，即行贿。
⑥ 皂隶，即差役。

【名言警句】

〖穷诘所以,盖沿袭旧日风习,今日视为常事。〗

〖官有俸禄,何故继富?与之官,取之民,出其一而收其十,陷阱不浅。〗

书信贺信类

- 东汉·孔融
  《与曹公论盛孝章书》
- 三国·诸葛亮
  《出师表》
- 唐·韩愈
  《贺雨表》
- 南宋·胡铨
  《戊午上高宗封事》

丈夫之气，烈然之慨

——东汉·孔融《与曹公论盛孝章书》

苏东坡曾评价孔融的《与曹公论盛孝章书》，"慨然有烈丈夫之风"。作为孔子的第二十世孙，孔融是东汉末年儒家士子的领袖，为人性情刚直、重义尚节，遵从儒家正统思想，立志匡扶汉室；为文率直不羁、气势强盛，当得起苏东坡所说的一个"烈"字。

孔融曾与曹操同朝为官，共同反对董卓，后来因曹操迎接汉献帝定都许昌，而将其看作兴复汉室的希望。建安元年至建安九年（196—204年），是孔曹关系的"蜜月期"，孔融向曹操推荐了不少人才。但其后，孔融看清了曹操篡夺汉室的野心，两人关系逐渐恶化，标志性的事件就是"想当然耳"。

曹操率军攻破袁绍的老巢邺城后，其子曹丕私自娶了袁绍的儿媳甄氏。对此，孔融写了一封信给曹操，说周武王伐纣的时候，把纣王的宠妃妲己赏给了周公。曹操看得不明就里，就问孔融，这件事出自什么典籍。孔融回答说："以今度之，想当然耳。"很显然，这是孔融不满曹丕的做法，杜撰了一个"典故"以作讽刺。孔融的文章显然造成一种负面舆论，曹操就此怀恨在心。此后，孔融还写了《上书请准古王畿事》《嘲曹公讨乌桓书》《难曹公禁酒书》等，对曹操进行明里暗里的触犯，对他的一些做法进行明目张胆的"狂怼"，最终，建安十三年（208年），曹操找了个理由处死孔融，并株连全家。而这一年，赤壁之战爆发。

赤壁之战是曹操讨伐孙权，而盛孝章就是孙氏治下的江南名士。此人和孔融是好友，曾经担任吴郡太守，后因病辞官。孙策平定江东后，对盛孝章这样不合作的名士颇为忌惮，持续施加迫害。建安九年（204年），孔融给曹操写的这封信，既是推荐盛孝章，又是替好友求救。曹操收到信后，随即征召盛孝章为都尉，但征召的任命还没有送到，盛孝章就被孙权所杀。那么，这封短信是如何打动曹操的呢？

一、情感热烈，营造代入感

文章开篇，就以一句感叹岁月流逝的名言"岁月不居，时节如流"拉近了和曹操之间的距离——上至帝王下至百姓，在时间面前都是平等的。接着，又感慨彼此年过半百，曹操正好50岁，自己已经52了，人生过半，朋友四散凋零。这一番感慨，更是让曹操产生了共情，即大争之世要珍惜还健在的朋友。有了共鸣后，文章才顺势提出"惟有会稽盛孝章尚存"，但是"其人困于孙氏，妻孥湮没，单孑独立，孤危愁苦"，讲明了盛孝章目前的危险处境，并进一步用"若使忧能伤人，此子不得复永年矣"，强调他的悲惨境遇。这就使曹操产生了强烈的代入感，仿佛盛孝章就是自己的朋友，从感情上讲也得帮一把。

二、论述理烈，营造紧迫感

在感情上先入为主让人动容之后，文章接着论述道理，主要讲了盛孝章不得不救的两个原因：一是弘扬交友之道，二是为国求贤。这就比首段谈论个人感情更进了一层，格局更加开阔，也占据了道义的制高点。在论证方法上，文章主要采取了旁征博引的方式，不仅使得论点建立在扎实的典籍和史实基础上，还使得文章持理刚正而高屋建瓴。在论述交友之道时，引用了《春秋公羊传》中记载的齐桓公一事，说的是如果不救盛孝章，就会像齐桓公不救邢国一样感到羞耻。又借用孔子和朱穆有关交友之道的言论提示曹操，如果救助盛孝章，则弘扬了友道；如果不救，则有违大义。尽管有点"逼迫"的意思，但论据充分、言之有理。在论述为国求贤时，文章引用了《战国策》中记载的千金买马骨的故事和《史记》中记载的燕昭王尊敬郭隗的史实，以此说明，如果真心诚意招揽像盛孝章那样的贤才，就会群贤毕至、为国效力。特别是讲述燕昭王修筑宫台尊敬郭隗，从而吸引天下人才的事例时，一方面笔如泼墨，以"乐毅自魏往，剧辛自赵往，邹衍自齐往"的排比句，气势如虹地描绘了贤才聚集的景象；另一方面采用对比论证的方式，讨论假如燕昭王不那样对待郭隗，会产生"莫有北首燕路者"的后果。

三、诱以功烈，营造需求感

建安九年（204年），曹操实力大增，而要图谋天下，必须更多地招揽人才。更重要的是，此时曹操已经把战略目光盯向了江东地区，孙氏所忌惮而加害的人才，如盛孝章，就是曹操所应招揽的对象。孔融看到了曹操的需求，也知道曹操爱惜人才，以"惟公匡复汉室，宗社将绝，又能正之。正之之术，实须得贤"寥寥数语，戳中了曹操的痛点和痒点。紧接着，提出"珠玉无胫而自至者，以人好之也，况贤者之有足乎？"的论断，并以此进行类比，描述了救助盛孝章后产生的群贤毕至的示范效应，呈现的人才济济、事业兴旺的美好前景，而这样的前景确实是曹操梦寐以求的。

当然，文章对于盛孝章具体有什么样的才能着墨并不多，只是以"今孝章，实丈夫之雄也，天下谈士，依以扬声""孝章要为有天下大名，九牧之人，所共称叹"这样的几句话作了描述。但且不说曹操大概率对此人有所耳闻，即便不了解，有以上几点理由，也就足够了。

【原文】

与曹公论盛孝章书

东汉·孔融

岁月不居，时节如流。五十之年，忽焉已至。公为始满，融又过二。海内知识①，零落殆尽，惟会稽盛孝章尚存。其人困于孙氏，妻孥湮没②，单于独立，孤危愁苦。若使忧能伤人，此子不得复永年矣！《春秋传》曰："诸侯有相灭亡者，桓公不能救，则桓公耻之。"今孝章，实丈夫之雄也，天下谈士，依以扬声，而身不

---

① 知识，相知相识，指相互了解的人。
② 妻孥湮没，指妻子和儿女丧亡。

免于幽絷①,命不期于旦夕。吾祖②不当复论损益之友,而朱穆③所以绝交也。公诚能驰一介之使,加咫尺之书,则孝章可致,友道可弘矣。

今之少年,喜谤前辈,或能讥评孝章。孝章要为有天下大名,九牧之人,所共称叹。燕君市骏马之骨④,非欲以骋道里,乃当以招绝足也。惟公匡复汉室,宗社将绝,又能正之。正之之术,实须得贤。珠玉无胫而自至者,以人好之也,况贤者之有足乎?昭王筑台以尊郭隗,隗虽小才,而逢大遇,竟能发明主之至心,故乐毅自魏往,剧辛自赵往,邹衍自齐往。向使郭隗倒悬而王不解,临溺而王不拯,则士亦将高翔远引,莫有北首燕路者矣。

凡所称引⑤,自公所知,而复有云者,欲公崇笃斯义也。因表不悉。(《孔少府集》)

【名言警句】

〖岁月不居,时节如流。〗

【成语来源】

不胫而走——〖珠玉无胫而自至者,以人好之也,况贤者之有足乎?〗

---

① 幽絷,指被囚禁。
② 吾祖,指孔子,《论语·季氏》记载:孔子曰:"益者三友,损者三友。友直,友谅,友多闻,益矣。友便辟,友善柔,友便佞,损矣。"孔融是孔子后裔。
③ 朱穆,东汉人,因感叹社会风俗浇薄,不讲友道,而著《绝交论》以示嘲讽。
④ 燕君市骏马之骨,指《战国策》中记载的千金买马骨的典故,大意是死的千里马都重金以求,活的千里马何愁不来?寓指求贤若渴的态度。
⑤ 称引,指信中所论及和提到的事。

凛然出师表,一字不可删

——三国·诸葛亮《出师表》

走在成都街头,如果问当地人昭烈庙在哪里,或许会有人不知道,但如果问武侯祠,那一定是家喻户晓的。按照封建王朝的礼仪制度,只有天子死后才可修陵立庙。诸葛亮"叶落秋风五丈原",遗命葬于汉中定军山,蜀汉各地上表为诸葛亮立庙,后主刘禅并未答应。于是,蜀汉百姓四时节日就在道路上私祭诸葛丞相。263年春,诸葛亮逝世近30年后,刘禅下旨为诸葛亮立庙于沔阳(今陕西勉县东)。当年秋,曹魏征西将军钟会率军征蜀经过此处,亲自祭拜诸葛庙。蜀汉被平后,成都百姓依然祭祀诸葛亮。西晋时期为方便祭奠,便在刘备的昭烈庙附近设立武侯祠。二庙相邻,但独武侯祠香火鼎盛。明朝初年,为了维护皇家威严,将武侯祠并入昭烈庙,成为我国唯一君臣合祀的祠庙。但在百姓口中,昭烈庙反倒成了武侯祠。

诸葛亮出生于徐州琅玡郡阳都县,成长于荆州南阳郡邓县(隆中),立业于荆州、益州。在隆中十年,诸葛亮躬耕陇亩、博览群书、自比管乐,与名流学者砥砺切磋,密切关注风云变幻,在刘备三顾茅庐时提出《隆中对》,指出一条切实可行的"霸业可成、汉室可兴"之路。诸葛亮以"兴复汉室"、经世济民为己任,出山辅佐刘备，联吴抗曹，进取益州，助力形成鼎足三分，特别是作为托孤重臣、蜀汉丞相，他尽心尽力辅佐后主刘禅，开府治蜀，总理朝政，南抚夷越，北伐曹魏，用生命践行"白帝城托孤"时的诺言，真正称得上"鞠躬尽瘁，死而后已"。虽然北伐壮志未酬，但诸葛亮流风余韵历久不衰，人们对其怀念和崇敬跨越了时间、空间的界限，时至今日也一直将其视作智慧的化身、清廉的典范、爱民的楷模。

作为千古名相，诸葛亮自然也是当之无愧的公文高手。我们向诸葛亮学习公文写作时，如果只看其行文而不联系其所为，必然流于空洞；如果只关注其所为而不结合其行文，也必然沦于现象的罗列。

《出师表》载于《三国志·诸葛亮传》。陈寿编辑《诸葛氏集》称之为《北出》篇，南朝萧统的《文选》称之为《出师表》。这篇奏表亲切诚挚、深刻流畅、情文并茂。刘勰在《文心雕龙》中称赞"志尽文畅"，认为是"表之精英也"，陆游也有诗赞"出师一表真名世，千载谁堪伯仲间"。

222年夏，刘备在夷陵之战中被东吴陆逊火烧连营700余里，损兵折将，退回白帝城。这一战，确定了三国并立的局面和疆域版图。刘备自知沉疴难起，诏令诸葛亮立即从成都前来，于弥留之际托孤于诸葛亮。此时的蜀汉，先主病殁，主少国危，而且由于连年用兵，民生凋敝，南中地区也接连发生叛乱，东吴推波助澜加以利用，曹魏也趁机招藩。诸葛亮只能再一次"受任于败军之际，奉命于危难之间"。226年五月，魏文帝曹丕病亡，魏明帝曹叡即位。诸葛亮认为北伐曹魏的时机骤然降临，机不可失，便计划北驻汉中，具体谋划出兵事宜。227年，47岁的诸葛亮率大军离开成都前，上《出师表》。

质朴、务实、诚挚是《出师表》最为突出的特色。全文624

字，向后主刘禅汇报了10件事。

一是说明形势。"先帝创业未半而中道崩殂，今天下三分，益州疲弊，此诚危急存亡之秋也。"5年前，夷陵之战输得太惨，到目前益州的经济和民力都没有完全恢复，天下三分，蜀汉最弱，魏国虎视眈眈、吴国虚与委蛇、南中平叛刚复，正是乾坤板荡之时。

二是讲自身情况。"然侍卫之臣不懈于内，忠志之士忘身于外者，盖追先帝之殊遇，欲报之于陛下也。"大环境虽然危急，但是内外之臣皆是先主忠实追随者，也是后主的坚定支持者，斗志昂扬、士气可用。

三是提意见建议。"诚宜开张圣听，以光先帝遗德，恢弘志士之气，不宜妄自菲薄，引喻失义，以塞忠谏之路也。宫中府中俱为一体，陟罚臧否，不宜异同。若有作奸犯科及为忠善者，宜付有司论其刑赏，以昭陛下平明之理，不宜偏私，使内外异法也。"重点有两条：一条是兼听则明，学习先帝志存高远，不要被小人裹挟包围；另一条是依法治国，蜀汉的权力结构成分多，荆州、益州、士族、寒门等派系复杂，作为皇帝要一碗水端平，才能拧成一股绳，渡过难关。

四是荐贤良人才。"侍中、侍郎郭攸之、费祎、董允等，此皆良实，志虑忠纯，是以先帝简拔以遗陛下。愚以为宫中之事，事无大小，悉以咨之，然后施行，必能裨补阙漏，有所广益。将军向宠，性行淑均，晓畅军事，试用于昔日，先帝称之曰能，是以众议举宠为督。愚以为营中之事，悉以咨之，必能使行阵和睦，优劣得所。"既然提出了"开张圣听"的建议，那么应该多听谁的呢？这里给出了具体的文武人选和依据。

五是总结经验，提出劝诫。"亲贤臣，远小人，此先汉所以兴隆也；亲小人，远贤臣，此后汉所以倾颓也。先帝在时，每与臣论此事，未尝不叹息痛恨于桓、灵也。侍中、尚书、长史、参军,此悉贞良死节之臣,愿陛下亲之信之,则汉室之隆,可计日而待也。"诸葛亮期望刘禅能够成就先帝未竟的"兴复汉室"的大业,反复陈述"亲贤臣,远小人"的道理。联系蜀汉后来的历史,也能隐约看出刘禅确实有不少"亲小人,远贤臣"的行为。清朝丘维屏曾评说"武侯在国,目睹后主听用嬖昵小人,或难于进言,或言之不省,借出师时叮咛痛切言之,明白剀切中,百转千回"。

六是自陈心迹。"臣本布衣,躬耕于南阳,苟全性命于乱世,不求闻达于诸侯。先帝不以臣卑鄙,猥自枉屈,三顾臣于草庐之中,谘臣以当世之事,由是感激,遂许先帝以驱驰。后值倾覆,受任于败军之际,奉命于危难之间,尔来二十有一年矣。"前面提出了意见建议,特别是一再提醒刘禅亲贤远佞,这位后主自然会联想"丞相为什么会提出这样的建议"。由于并不像与刘备那样有并肩战斗、共历患难21年的经历,为了避免君臣隔阂,诸葛亮必须对提出意见建议的出发点进行解释。

七是讲北伐缘由。"先帝知臣谨慎,故临崩寄臣以大事也。受命以来,夙夜忧叹,恐托付不效,以伤先帝之明,故五月渡泸,深入不毛。今南方已定,兵甲已足,当奖率三军,北定中原,庶竭驽钝,攘除奸凶,兴复汉室,还于旧都。此臣所以报先帝,而忠陛下之职分也。"简要陈述先帝驾崩之后,自己作为托孤重臣的沉重心情和艰辛工作。同时也委婉提醒刘禅,"北定中原""兴复汉室"是蜀汉的国策,须臾不可遗忘、偏废,孤守一隅绝非长久之计。还说明自己带重兵远赴汉中,并非为了割据,而是为了完成先帝遗愿;无论是"深入不毛",还是此次"攘除奸凶",都是亲身赴险,为的是报先帝、忠陛下、尽职分。

八是再次提醒。"至于斟酌损益,进尽忠言,则攸之、祎、允之任也。"再次提醒后主刘禅,之前推荐的郭攸之、费祎、董允等人,确实是值得信任、值得托付的。他们"斟酌损益"也完全是职责所在，不要因为他们"进尽忠言"而有所抵触。

九是立"军令状"。"愿陛下托臣以讨贼兴复之效，不效，则治臣之罪，以告先帝之灵。若无兴德之言，则责攸之、祎、允等之慢，以彰其咎。""不效，则治臣之罪"，这句话可以视作诸葛亮自己立了"军令状"。同样，也将郭攸之、费祎、董允等人抬举到自己的地位。用意不可谓不深，其心不可谓不诚。

十是最后的叮嘱。"陛下亦宜自谋，以咨诹善道，察纳雅言，深追先帝遗诏。臣不胜受恩感激。今当远离，临表涕零，不知所云。"前面提出了建议、推荐了人才，这里也给了后主刘禅充分的自主权，如果刘禅"咨诹善道""察纳雅言"，自然可以"亦宜自谋"。作为"相父"，此次将兵北伐，虽然心怀必胜之志，但跋山涉水不知归期，军情险峻怎知胜负，面对这位决定自己一生功业能否持久，身兼"战友"之子、当朝皇帝两重身份的孩子，诸葛亮内心五味杂陈，"临表涕零，不知所云"。

"凛然出师表，一字不可删"。624个字，文法简洁，质朴率真，行文直奔主题，没有穿靴戴帽、冗长空洞，兼具针对性、时效性和可操作性，历经岁月洗礼后愈加散发经典的芬芳。

诸葛亮上书《出师表》离开成都时，其子诸葛瞻刚刚出生不久。移驻汉中后，诸葛亮再未见过诸葛瞻，但为其留下了千古名篇《诫子书》。30年后曹魏征蜀，诸葛瞻"临阵死，时年三十七"，其子诸葛尚"与瞻俱没"。罗贯中在《三国演义》中评价："诸葛子孙皆效死，成都卿相尽添愁""古往今来多少泪，行人哀怨哭坟丘"。于功业而言，诸葛亮并未实现"北定中原""还于旧都"的誓言，但正如明朝杨慎所言，"正统不惭传万古，莫将成败论三分"。我们学名臣将相写公文，其实是通过学文以学人，学纵横历史的千古弘文，也学贯穿在文中的英雄气概，更学中华民族仁人志士饱经风霜依然挺立的奋斗精神。

【原文】

出师表

三国·诸葛亮

先帝创业未半而中道崩殂,今天下三分,益州疲弊①,此诚危急存亡之秋也。然侍卫之臣不懈于内,忠志之士忘身于外者,盖追先帝之殊遇,欲报之于陛下也。诚宜开张圣听,以光先帝遗德,恢弘志士之气,不宜妄自菲薄,引喻失义,以塞忠谏之路也。宫中府中,俱为一体,陟罚臧否,不宜异同。若有作奸犯科及为忠善者,宜付有司论其刑赏,以昭陛下平明之理,不宜偏私,使内外异法也。侍中、侍郎郭攸之、费祎、董允等,此皆良实,志虑忠纯,是以先帝简拔以遗陛下。愚以为宫中之事,事无大小,悉以咨之,然后施行,必能裨补阙漏,有所广益。将军向宠,性行淑均,晓畅军事,试用于昔日,先帝称之曰能,是以众议举宠以为督。愚以为营中之事,悉以咨之,必能使行阵和穆,优劣得所也。亲贤臣,远小人,此先汉所以兴隆也;亲小人,远贤臣,此后汉所以倾颓也。先帝在时,每与臣论此事,未尝不叹息痛恨于桓、灵也。侍中、尚书、长史、参军,此悉贞良死节之臣也,愿陛下亲之信之,则汉室之隆,可计日而待也。

臣本布衣,躬耕于南阳,苟全性命于乱世,不求闻达于诸侯。先帝不以臣卑鄙,猥自枉屈,三顾臣于草庐之中,咨臣以当世之事,由是感激,遂许先帝以驱驰。后值倾覆,受任于败军之际,

---

① 益州疲弊,指蜀汉国力薄弱,处境艰难。益州,这里指蜀汉。

奉命于危难之间，尔来二十有一年矣。先帝知臣谨慎，故临崩寄臣以大事也。受命以来，夙夜忧叹，恐托付不效，以伤先帝之明，故五月渡泸，深入不毛。今南方已定，兵甲已足，当奖率三军，北定中原，庶竭驽钝，攘除奸凶，兴复汉室，还于旧都。此臣所以报先帝，而忠陛下之职分也。

至于斟酌损益，进尽忠言，则攸之、祎、允之任也。愿陛下托臣以讨贼兴复之效，不效，则治臣之罪，以告先帝之灵。若无兴德之言，则责攸之、祎、允等之咎，以彰其慢。陛下亦宜自谋，以咨诹善道，察纳雅言，深追先帝遗诏①。臣不胜受恩感激。今当远离，临表涕泣，不知所云。（《古文观止》）

---

① 先帝遗诏，指刘备给后主的遗诏，诏中说："勿以恶小而为之，勿以善小而不为。惟贤惟德，能服于人。"

短文写出长篇之势

——唐·韩愈《贺雨表》

一个人被后世称为"文章巨公""百代文宗",且有篇公文被称作传世佳作。这个人,叫韩愈。这篇公文,名为《贺雨表》。

刘勰在《文心雕龙·章表》里说:"章以谢恩,奏以按劾,表以陈情,议以执异。"表的主要作用就是表达臣子对君主的忠诚和希望。写作《贺雨表》时,韩愈任京兆尹兼御史大夫,管理京畿地区的行政事务,同时还具有参与国家政务的权力,这也是他从政生涯中的"高光时刻"。韩愈仕途颇为不顺,屡遭贬谪,直到唐穆宗即位后才逐渐平顺。《贺雨表》全文虽然不到200字,但作者对唐穆宗的赞美之情和忠君爱民之心真挚诚恳。明洪武六年(1374年),在这篇短小精悍却语意尽达的文章问世约550年后,朱元璋下诏规定,以《贺雨表》作为范文,令天下仿行,以纠正繁文浮词之风。

繁文浮词是两晋南北朝骈文的特点。唐代中期以后,文人士子掀起了声势浩大的古文运动,韩愈正是这场运动的发起者。古文运动不仅涉及文体改革,还具有思想运动和社会运动的性质,而人类历史上的文化运动总是与社会运动相伴相生,比如,西方的启蒙运动、中国五四时期的白话文运动等。韩愈提倡古文,目的在于恢复儒学传统，强调文以明道。后世把唐宋两代古文运动的代表韩愈、柳宗元、欧阳修、王安石、曾巩、苏洵、苏轼、苏辙统称为"唐宋八大家"，韩愈为八大家之首。

韩愈是古文运动的倡导者，更是实践者。他的诗文尤其是散文质朴自由，以散行单句为主，不受格式拘束，有话则长、无话则短，重在反映现实生活、表达思想。这样的特点在他所作的公文中也有所体现，通过这篇篇幅不长的《贺雨表》可以感其风采。

从结构上看，本文一共三段，首段尾段抒发喜悦、赞美之情且首尾呼应，中段叙述事实，节奏明快，无一丝一毫穿靴戴帽、拖泥带水。实际上韩愈的不少散文也是短小的两三段，百八十字，但丝毫不影响主旨内涵的表达，比如，《获麟解》《杂说》等。清末古文家林琴南评价说，"篇幅虽轻，而伸缩蓄泄，实具长篇之势"，一针见血地指出了韩愈短文的过人之处。

从语言上看，本文去除带有"炫技"的音律、辞藻的工整对仗，采用亲切自然的散句。全文四字、五字、六字、七字间或出现，字数完全服从文意。虽然用词简洁，但遣词造句不失精雕细琢，极其讲究。比如，在形容下雨后的场景时，文章用了"嘉谷奋兴，根叶肥润，抽茎展穗，不失时宜"16个字，活灵活现地描述了大地舒展，植物争相拔节生长、枝繁叶茂的场景，读者的情绪也随之调动，不禁要称赞："好一场及时雨啊！"韩愈的其他散文，也极尽用词考究之能事，力争用最简洁的语言表达最清晰的意图，由此，韩愈也成了"成语制造机"。据统计，韩愈一生创造了330多个成语，仅《进学解》一文中，就有20多个成语，比如，业精于勤、含英咀华、佶屈聱牙、异曲同工、动辄得咎等。

从写作手法看，围绕"颂君表忠"的主旨，多处使用对比，以凸显唐穆宗的英明神武。比如，首段"始闻其语"和"今见其真"进行对比，惊喜意外之情跃然纸上，让人感觉作者的"诚欢诚喜"发自内心；第二段以自己作为管理京畿地区事务的官员"祈祷实频"却"旱气转甚"，与唐穆宗祈雨后"中使才出于九门，阴云已垂于四野，龙神效职，雷雨应期"进行对比，表现皇帝的圣明，同时，也写出了自己"急皇上之所急"一直在祈祷降雨的行为，巧妙地表功表忠。韩愈在其他散文中也经常使用对比的手法，比如，《原毁》中运用古今对比，表明今人毁谤之举违背了古训；《师说》中把"古之圣人"从师和"今之众人"耻师对比，指出长此以往的严重后果，等等。

总的看，韩愈的公文简洁达意、文从字顺，这也是我们现在写作公文应该追求的境界。

【原文】

贺雨表

唐·韩愈

臣某言：臣闻圣人之德，与天地通，诚发于中，事应于外。始闻其语，今见其真。臣诚欢诚喜，顿首顿首。

伏以季夏以来，雨泽不降。臣职司京邑，祈祷实频；青天湛然，旱气转甚。陛下悯兹黎庶，有事山川。中使才出于九门，阴云已垂于四野，龙神效职，雷雨应期。嘉谷奋兴，根叶肥润，抽茎展穗，不失时宜。

人和年丰，莫大之庆。微臣幸蒙宠任，获睹殊祥，庆抃①欢呼，倍于常品，无任踊跃之至。谨奉表陈贺以闻。(《全唐文》)

【名言警句】

〖诚发于中，事应于外。〗

〖嘉谷奋兴，根叶肥润，抽茎展穗，不失时宜。〗

〖人和年丰，莫大之庆。〗

---

① 抃，鼓掌，表示欢喜。

凌云健笔意纵横

——南宋·胡铨《戊午上高宗封事》

胡铨是"南宋四名臣"之一，以忠直敢言、刚正不阿闻名朝堂，也因此得罪权臣，屡遭贬谪。他出生于北宋崇宁元年（1102年），25年后北宋灭亡。亲历了靖康之耻这一国难的胡铨，一生力主抗金，反对屈膝求和。

文如其人。胡铨骨子里的硬气，也反映在他的文章中。杨万里为其著作《澹庵文集》作序："先生之文，肖其为人。其议论闳以挺，其叙记古以则，其代言典而严，其书事约而悉。"早在南宋建炎二年（1128年），他参加科举考试时，就因文章论述过于耿直而被降低名次。当年，宋高宗在策问进士时以"治道本天，天道本民"命题，胡铨写了一篇长达万字的答卷，直击朝廷治理和用人的失误，文中写道："汤武听民而兴，桀纣听天而亡，今陛下起干戈锋镝间，外乱内讧，而策臣数十条，皆质之天，不听于民……今宰相非晏殊，枢密参政非韩琦、杜衍、范仲淹。"宋高宗看了后还是较为赏识的，想把他列为第1名，但当时把持朝政的汪伯彦、黄潜善忌恨胡铨的言语太耿直，最终还是将其降移至第5名。进入官场后，胡铨先任抚州军事判官，后任枢密院编修官。

绍兴七年（1137年），宋徽宗死在金国，宋高宗派使者王伦去迎接其灵柩，王伦回来说，金人承诺归还灵柩，还承诺让高宗生母韦氏回来并归还河南。第二年三月，宋高宗再次任命秦桧为宰相，力主与金国议和。秦桧又安排王伦出使金国，奔走谋和。王伦回来时，金国派大臣以"江南诏谕使"的身份到南宋议事，公然把南宋视为其附属国，要求宋高宗以臣子之礼，跪拜接受金国君主的诏书。一时间，朝野哗然，群情激愤，文臣武将纷纷反对。胡铨此时虽然只是一个官职较小的枢密院编修官，面对此等奇耻大辱时，依然怒不可遏，激愤之下，冒着生命危险向宋高宗呈上了这篇名垂青史的"密信"《戊午上高宗封事》，坚决反对议和，请斩奸臣。

奏章全文义正词严，说理有力，辞意激切，一往无前，作者胸中翻腾的爱国之情扑面而来，可谓"凌云健笔意纵横"。奏章直接打击了投降派的嚣张气焰，"当日奸谀皆胆落"，同时也鼓舞了南宋军民的抗金斗志，使"勇者服，怯者奋"。虽然奏章是封事这样的"密信"，但它道出了南宋军民的心声，在百官中不胫而走，百姓更是奔走相告，互为传颂，有人还花重金将其付梓，使其名扬天下。据史书记载，金人也以千金买到此文，读完君臣失色，连连惊呼："宋朝有人！"后来朱熹更是评价这篇文章"可与日月争光，中兴奏议，此为第一"。

一、排比反问气势磅礴，铿锵有力反对议和

胡铨上书的根本目的是反对议和，同时弹劾鼓吹议和的奸臣。文章以"直击灵魂"的反问句，节奏铿锵的排比句，竭力劝谏宋高宗不能议和。

一是劝诫宋高宗不要被王伦蒙蔽。文章开宗明义，一上来就直斥王伦的险恶用心："是欲臣妾我也，是欲刘豫我也。"建炎二

年（1128年），任济南府知府的刘豫叛变降金，被金人册封为帝，后因失宠而被废黜，父子被掳，死于囚中。文章以刘豫这一极具说服力的人物为参照对象，以"奈何以祖宗之天下为金虏之天下，以祖宗之位为金虏藩臣之位"的反问，让宋高宗看清王伦的险恶用心。

二是劝诫宋高宗不要被金人欺骗。王伦说："我一屈膝，则梓宫可还，太后可复，渊圣可归，中原可得。"胡铨用一组针锋相对的排比句"梓宫决不可还，太后决不可复，渊圣决不可归，中原决不可得"给予直接否定，原因是"敌人变诈百出"——最有说服力的事实就是刘豫的下场，还是一个反问句，"异时豺狼无厌之求，安知不加我以无礼如刘豫也哉"，不得不引起宋高宗的深思。

三是劝诫宋高宗要看到议和的严重后果。文章首先用三尺童子作比，说的是就算最没见识的小孩，指着猪狗让他跪拜，也会勃然大怒，而现在金国就是那"猪狗"，堂堂大国竟然要向其跪拜，"曾童孺之所羞，而陛下忍为之耶？"用一个反问句激发宋高宗的羞耻之心。接着，再反问，"而陛下尚不觉悟，竭民膏血而不恤，忘国大仇而不报，含垢忍耻，举天下而臣之甘心焉"。这一"怎么能心甘情愿"的明谏，直接戳到了宋高宗的痛处。再接着，又一个反问，"就令敌虏可和，尽如伦议，天下后世谓陛下何如主也？"提醒宋高宗，如果议和，天下后世将怎么看待陛下您啊？以此警醒在乎后世名声的帝王。最后，以一句泣血忠言"而此膝一屈不可复伸，国势陵夷不可复振，可为恸哭流涕长太息者矣！"再次阐明议和的严重后果。接二连三的反问句如同滔滔江水，汪洋恣意，读之畅快淋漓；又如同越来越急的鼓点，铿锵有力，读之胆战心惊。

四是劝诫宋高宗要看清当前的形势。文章从国势、人心、士气、最近战事胜负等多个方面分析了当前的形势。往时"固尝败之于襄阳，败之于淮上，败之于涡口，败之于淮阴"，排比句道出的失败过往，更有力地说明了"较之往时蹈海之危，固已万万"。然后用一反问句推论"倘不得已而至于用兵，则我岂遽出房人下哉？"充分体现了如战必胜的信心。

二、一气呵成论述罪状，弹劾奸佞志在必得

要弹劾当朝权臣秦桧等3人，必须理由充分、证据确凿。作者以有力的事实为依据，一气呵成列举3人的罪行，酣畅淋漓，大快人心。

在弹劾王伦时，列举其骗官、卖国、欺君之罪，还原话引用了王伦典型的卖国言论。同时，论述了舆论对王伦的看法，"皆欲食伦之肉"。多项罪状铁证如山，民意汹汹，众口一词。

在弹劾秦桧时，作者巧妙地用一句"虽然，伦不足道也"，指明王伦只是小角色，他的后台是秦桧。此前用大量的篇幅论述王伦的罪行，都是为弹劾秦桧作准备——前台"跟班"的罪行尚且如此之重，后台"老板"岂不是罪不可赦？接着，作者连用两件事揭穿了秦桧的真实面目。一是礼部侍郎曾开和秦桧的争论，说明秦桧一意孤行、刚愎拒谏，此处又引用了秦桧的原话"侍郎知故事，我独不知？"来证明事实确凿。二是秦桧想议和，自己却不说，而让台谏、侍臣讨论，以此消解天下人对他的议论，从而说明秦桧的狡诈。

在弹劾孙近时，主要抓住他尸位素餐、处处附和秦桧，完全没有尽到参知政事的责任。为了说明这一点，作者列举了自己和孙近的一段问答为证。此处也是引用了孙近的原话，增加例证的可信度。

最后，作者主动请缨，"义不与桧等共戴天，区区之心，愿斩三人头，竿之藁街"，甚至不惜牺牲自己的性命，"不然，臣有赴东海而死尔"，表达了誓死与奸臣势不两立的坚决态度，可谓胆识过人、豪气干云。

【原文】

戊午上高宗封事

南宋·胡铨

臣谨按，王伦本一狎邪小人，市井无赖，顷缘①宰相无识，遂举以使虏。专务诈诞，欺罔天听，骤得美官，天下之人，切齿唾骂。今者无故诱致虏使，以"诏谕江南"为名，是欲臣妾我也，是欲刘豫我也。刘豫臣事丑虏，南面称王，自以为子孙帝王、万世不拔之业。一旦豺狼改虑，捽而缚之，父子为虏。商鉴不远，而伦又欲陛下效之。夫天下者，祖宗之天下也，陛下所居之位，祖宗之位也。奈何以祖宗之天下为金虏之天下，以祖宗之位为金虏藩臣之位？陛下一屈膝，则祖宗庙社之灵尽污夷狄，祖宗数百年之赤子尽为左衽②，朝庭宰执尽为陪臣，天下之士大夫皆当裂冠毁冕，变为胡服。异时豺狼无厌之求，安知不加我以无礼如刘豫

---

① 顷缘，顷，不久前；缘，因为。
② 左衽，古代北方少数民族的一种衣襟开在左边的衣服，不同于中原服装的右衽。这里意为将要被金人统治。

也哉?

夫三尺童子至无知也,指犬豕而使之拜,则怫然怒。今丑虏则犬豕也,堂堂大国,相率而拜犬豕,曾童孺之所羞,而陛下忍为之耶?伦之议乃曰:"我一屈膝则梓宫可还,太后可复,渊圣可归,中原可得。"呜呼!自变故以来,主和议者谁不以此说啖①陛下哉?然而卒无一验,则虏之情伪已可知矣。而陛下尚不觉悟,竭民膏血而不恤,忘国大仇而不报,含垢忍耻,举天下而臣之甘心焉。就令②虏决可和,尽如伦议,天下后世谓陛下何如主?况丑虏变诈百出,而伦又以奸邪济之,梓宫决不可还,太后决不可复,渊圣决不可归,中原决不可得,而此膝一屈不可复伸,国势陵夷不可复振,可为恸哭流涕长太息矣!

向者陛下间关海道③,危如累卵,当时尚不忍北面臣虏,况今国势稍张,诸将尽锐,士卒思奋。只如顷者丑虏陆梁④,伪豫入寇,固尝败之于襄阳,败之于淮上,败之于涡口,败之于淮阴,较之往时蹈海之危,固已万万⑤,倘不得已而至于用兵,则我岂遽出虏人下哉?今无故而反臣之,欲屈万乘之尊,下穹庐⑥之拜,三军之士不战而气已索。此鲁仲连所以义不帝秦,非惜夫帝秦之虚名,惜天下大势有所不可也。今内而百官,外而军民,万口一谈,皆欲食伦之肉。谤议汹汹,陛下不闻,正恐一旦变作,祸且不测。臣窃谓不斩王伦,国之存亡未可知也。

虽然,伦不足道也,秦桧以腹心大臣而亦为之。陛下有尧、

---

① 啖,拿东西给人吃,引申为利诱。
② 就令,即使是。
③ 间关海道,指建炎三年(1129年),宋高宗在金兵南下时被迫从海路辗转逃难一事。
④ 陆梁,跳梁,引申为横行、逞强之意。
⑤ 固已万万,意为当然已经好过万万倍。
⑥ 穹庐,毡帐,借指金国朝廷。

舜之资，桧不能致君如唐、虞，而欲导陛下为石晋①，近者礼部侍郎曾开等引古谊以折之，桧乃厉声责曰："侍郎知故事，我独不知？"则桧之遂非愎谏，已自可见，而乃建白令台谏、侍臣佥议可否，是盖畏天下议己，而令台谏、侍臣共分谤②耳。有识之士皆以为朝庭无人，吁，可惜哉！

孔子曰："微管仲，吾其被发左衽矣。"③夫管仲，霸者之佐耳，尚能变左衽之区，而为衣冠之会④。秦桧，大国之相也，反驱衣冠之俗，而为左衽之乡。则桧也不惟陛下之罪人，实管仲之罪人矣。孙近附会桧议，遂得参知政事，天下望治有如饥渴，而近伴食中书⑤，漫不敢可否事。桧曰虏可和，近亦曰可和；桧曰天子当拜，近亦曰当拜。臣尝至政事堂，三发问而近不答，但曰："已令台谏、侍从议矣。"呜呼！参赞大政，徒取充位如此，有如虏骑长驱，尚能折冲御侮耶？臣窃谓：秦桧、孙近亦可斩也。

臣备员枢属，义不与桧等共戴天，区区之心，愿斩三人头，竿之藁街，然后羁留虏使，责以无礼，徐兴问罪之师，则三军之士不战而气自倍。不然，臣有赴东海而死尔，宁能处小朝廷求活耶！（《宋史·胡铨传》）

---

① 石晋，指石敬瑭，五代时勾结契丹灭了后唐，并受契丹册封为帝，国号晋，史称后晋。他甘心向契丹称臣，国书中称契丹主为"父皇帝"，自称"儿皇帝"。
② 分谤，分担舆论的批评指责。
③ 语出《论语·宪问》，意为如果没有管仲，我们都会披散着头发，穿着左边开襟的衣服，沦为夷狄之人。
④ 衣冠之会，穿中原服饰的人聚集之处，意指繁华进步之地。
⑤ 伴食中书，指任职不管事。